L'ETUDE DE L'ENFANCE ET DE L'ADOLESCENCE.

DE L'IMPRIMERIE DE DEMONVILLE,
rue Christine, n°. 2.

L'ETUDE
DE L'ENFANCE
ET
DE L'ADOLESCENCE,
OU
ALPHABET MÉTHODIQUE,
INSTRUCTIF ET AMUSANT,

DIVISÉ EN QUATRE PARTIES,

Pour l'Instruction des Enfans du premier et du second âge.

Contenant : 1° les premiers principes de la lecture ; 2° l'Abrégé des principes de la Grammaire et de l'Orthographe ; 3° les principes de la Morale puisée dans l'Histoire de Joseph ; 4° les premiers principes de l'Ecriture et de l'Arithmétique.

PAR M. F. BURON,

Professeur d'Ecriture, d'Arithmétique, de Commerce et de Banque, et Membre de plusieurs Sociétés savantes.

TROISIEME ÉDITION,

ORNÉE DE PLUSIEURS GRAVURES.

Il importe de former l'homme dès son enfance.

A PARIS,

CHEZ L. DUPRAT-DUVERGER,

Rue des Grands-Augustins, n° 21.

1812.

L'ETUDE
DE L'ENFANCE
ET
DE L'ADOLESCENCE,
OU
ALPHABET MÉTHODIQUE,
INSTRUCTIF ET AMUSANT.

PREMIÈRE LEÇON.

ALPHABET DE LETTRES MINEURES ROMAINES.

a b c d e é è ê f g h i j k l m n o p q r s t u v x y z.

ALPHABET DE LETTRES MINEURES ITALIQUES.

a b c d e é è ê f g h i j k l m n o p q r s t u v x y z.

Nota. L'explication des quatre sortes d'*e* est à la quatorzième leçon.

ALPHABET RENVERSÉ.

z y x v u t s r q p o n m l k j i h g
f e d c b a.

ALPHABET MÊLÉ.

b m c l s a j r x y n u h i z d o e q
t g v p k f.

ALPHABET DE LETTRES MAJEURES ROMAINES.

A B C D E É È Ê F G H I J K L M
N O P Q R S T U V X Y Z.

ALPHABET DE LETTRES MAJEURES ITALIQUES.

A B C D E É È Ê F G H I J K L M
N O P Q R S T U V X Y Z.

DOUBLES LETTRES.

ff fi ffi fl ffl æ œ etc., etc.

DOUBLES LETTRES TENANT LIEU D'UNE SEULE.

ai fait é ; ea fait a ; œ fait e ; ph fait f ;
th fait t ; oïs fait è.

DEUXIÈME LEÇON.

Syllabes composées d'une consonne et d'une voyelle.

ba be bé bè bê bi bo bu.
ca ce cé cè cê ci co cu.
ça ce cé cè cê ci ço çu.
da de dé dè dê di do du.
fa fe fé fè fê fi fo fu.
ga ge gé gè gê gi go gu.
ha he hé hè hê hi ho hu.
ja je jé jè jê ji jo ju.
la le lé lè lê li lo lu.
ma me mé mè mê mi mo mu.
na ne né nè nê ni no nu.
pa pe pé pè pê pi po pu.
qua que qué què quê qui quo quu.
ra re ré rè rê ri ro ru.
sa se sé sè sê si so su.
ta te té tè tê ti to tu.
va ve vé vè vê vi vo vu.
xa xe xé xè xê xi xo xu.
za ze zé zè zê zi zo zu.

Syllabes formées d'une voyelle et d'une consonne.

ab eb ib ob ub.
ac ec ic oc uc.
ad ed id od ud.

af	ef	if	of	uf.
ag	eg	ig	og	ug.
al	el	il	ol	ul.
am	em	im	om	um.
an	en	in	on	un.
ap	ep	ip	op	up.
aq	eq	iq	oq	uq.
ar	er	ir	or	ur.
as	es	is	os	us.
at	et	it	ot	ut.
av	ev	iv	ov	uv.
ax	ex	ix	ox	ux.
az	ez	iz	oz	uz.
bla	ble	bli	blo	blu.
bra	bre	bri	bro	bru.
cha	che	chi	cho	chu.
cra	cre	cri	cro	cru.
dra	dre	dri	dro	dru.
fla	fle	fli	flo	flu.
fra	fre	fri	fro	fru.
gla	gle	gli	glo	glu.
gra	gre	gri	gro	gru.
gua	gue	gui	guo	guu.
pla	ple	pli	plo	plu.
pra	pre	pri	pro	pru.
pha	phe	phi	pho	phu.
spa	spe	spi	spo	spu.
sta	ste	sti	sto	stu.
tla	tle	tli	tlo	tlu.
tha	the	thi	tho	thu.
vra	vre	vri	vro	vru.

TROISIÈME LEÇON.

Mots alphabétiques composés de deux syllabes.

Ac-tif. ac-teur. a-mour. ad-joint. ai-glon. bon-heur. bos-quet. bil-lard. ba-din. boi-teux. com-mis. can-ton. ca-not. cail-lou. cap-tif. doc-teur. de-main. dé-part. dra-peau. de-sir. es-prit. ef-fort. em-prunt. ex-cès. en-nui. flam-beau. for-geur. four-mi. fro-ment. fu-ret. gen-til. ga-zon. ge-lé. gé-nie. glo-be. hi-ver. ha-bit. hé-breu. hé-ros. har-di im-pôt. ins-tinct. im-pie. in-tact. in-clus. ja-bler. ja-loux. jar-din. ju-meau. jour-nal. ker-mès. ka-bac. ka-li. kou-an. ka-bin. ly-cée. le-çon. lam-bris. lan-gue. loin-tain. mai-son. meu-ble. mi-roir. mar-bre. ma-rais. nou-veau. nom-bre. nais-sant. na-ïf. no-yau. ob-jet. oi-seau. or-ge. oi-sif. o-deur. œu-vre. œu-vrée. œil-let. œil-vif. œuf-frais. pois-son. puis-sant. pom-pon. poi-vre. prai-rie. qua-dran. quar-ré. qua-train. quin-tal. quê-teur. ra-bais. ra-doub. ran-çon. ri-val. ré-joui. sei-gneur. sa-lut. sa-voir. sa-phir. sa-bot. ta-bleau. ter-me. ta-bac. tail-leur. ta-lon. ur-gent. ur-ne. u-ni. u-sé. u-vée. vais-seau. va-cant. va-peurs. val-lon. ve-lours. xy-lon. ya-pu. zô-ne. zig-zag. zé-ros.

QUATRIÈME LEÇON.

Mots alphabétiques composés de trois syllabes.

Ac-com-pli. a-dou-cir. a-gré-gé. ap-pa-rent. bru-mai-re. bi-tu-me bor-du-re. bou-lan-ger. char-mil-le. char-pen te. chauf-fa-ge. ché-ru-bin. dé-li-cat. di-li-gent. di-rec-teur. dis-tin-gué. é-lé-phant. é-cri-vain. é-lé-ment. é-ten-dard. fri-mai-re. flo-ré-al. fruc-ti-dor. fir-ma-ment. ger-mi-nal. gé-né-ral. gé-né-reux. guer-ri-er. ha-bi-tant. hou-let te. ho-ri-zon. hor-lo-ge. im-pri-meur. im-pru-dent. in-cer-tain. in-dul-gent. jeu-nes se. jouis-san-ce. jon-quil-le. ja-cin-the. ka-si-ne. ki-as-tre. kys-ti-que. ki-os-que. la-bou-reur. li-bé-ral. li-brai-re. lu mi-neux. mes-si-dor. mu-sé-um. mé-de-cin. mo-des-tie. ni-vo-se. né-gli-gent. nou veau-té. na-tu-rel. o-ri-ent. oc-ci-dent. o-ra-cle. or-gueil-leux. prai-ri-al. pai-si-ble. par-fu-meur. pal-mi er. qua-ter-ne. qua li-té. quel con-que. raf-fi neur. ré-duc-tif. ré-flé-chi. ré glé-ment. sen-ti-ment. sa-tis-fait. sa-ge-ment. sé-jour-ner. ther-mi-dor. ta-mi-seur. tamarin. tri-bu-nat. ven to-se. va can-ce. ver tu-eux. ven-dan-ge. xi-phi-as. y-pré-au. za cin-the. zi-za-nie.

CINQUIÈME LEÇON.

Mots alphabétiques composés de quatre syllabes.

Al-ter-na-tif. as-tro-no-mie. a-mu-se-ment. ba-di-na-ge. bouf-fon-ne-rie. ba-lan-ce-ment. ca-va-li-er. cal-cu-la-teur. cen-te-nai-re. do-mes-ti-que. dé-pen-si-er. dé-bon-nai-re. es-pé-ran-ce. en-tre-ti-en. en-ga-ge-ment. fi-dé-li-té. for-mu-lai-re. fi-nan-ci-er. gram-mai-ri-en. gé-omè-tre. gé-o-gra-phe. ha-bi-tu-de. ho-no-ra-ble. hon-nê-te-té. i-mi-ta-teur. im-pri-me-rie. im-mu-a-ble. jar-di-na-ge. jar-di-ni-er. jour-na-li-er. lé-gis-la-teur. la-pi-dai-re. la-bo-ri-eux. mar-chan-di-se. ma-çon-ne-rie. mai-son-net-te. na-vi-ga-teur. né-go-ci-ant. nu-mé-ra-teur. o-li-vi-er. or-ga-nis-te. o-bé-is-sant. plu-vi-ô-se. pai-si-blement. pré-di-ca-teur. qua-dru-pè-de. qua-dra-tu-re. ques-ti-on-neur. ren-ver-se-ment. res-pon-sa-ble. ré-cé-pis-sé. sen-si-ble-ment. sa-lu-bri-té. sym-bo-li-que. ta-chi-gra-phie. to-po-gra-phie. ta-pis-se-rie. vé-na-li-té. ven-di-ti-on. va-ca-ti-on. xé-ro-pha-gie. zi-be-li-ne. zo-di-a-que.

SIXIÈME LEÇON.

Mots alphabétiques composés de cinq syllabes.

Ad-mi-nis-tra-teur. ac-tu-el-le-ment. ab-né-ga-ti-on. bou-que-ti-è-re. bi-bli-o-thè-que. ca-tho-li-cis-me. ca-ra-van-se-rail. ca-pa-ra-çon-ner. dé-cla-ma-ti-on. dé-cou-ra-ge-ment. dé-con-te-nan-cé. é-chan-til-lon-ner. ef-fi-ca-ce-ment. é-du-ca-ti-on. for-ti-fi-ca-teur. fan-fa-ron-ne-rie. fé-o-da-li-té. gé-né-reu-se-ment. gé-o-gra-phi-que. gé-o-mé-tri-que. hé-li-o-tro-pe. ha-bi-ta-ti-on. har-mo-ni-que-ment. i-co-no-lo-gie. in-cor-rup-ti-ble. in-cor-ri-gi-ble. jar-di-ni-è-re. ju-ri-dic-ti-on. jà-cu-la-toi-re. li-mi-ta-ti-on. la-bo-ra-toi-re. la-co-ni-que-ment. ma-gis-tra-tu-re. ma-ca-ro-ni-que. man-du-ca-ti-on. na-tu-ra-lis-te. no-na-gé-nai-re. no-men-cla-tu-re. oc-to-gé-nai-re. o-bli-ga-ti-on. or-tho-gra-phi-er. pas-to-ra-le-ment. pa-né-gy-ri-que. pé-né-tra-ti-on. re-con-nois-san-ce. ra-ré-fac-ti-on. ré-du-pli-ca-tif. sa-tis-fac-ti-on. sanc-ti-fi-ca-teur. sé-pa-ra-ti-on. ta-ci-tur-ni-té. ta-ba-ri-na-ge. tem-po-rel-le-ment. u-ni-for-mi-té. u-na-ni-me-ment. ul-cé-ra-ti-on. ven-dé-mi-ai-re. vé-ri-fi-ca-teur. vi-si-ta-ti-on.

SEPTIÈME LEÇON.

Mots alphabétiques composés de six syllabes.

A-ca-dé-mi-ci-en. ad-ju-di-ca-tai-re. af-fir-ma-ti-ve-ment. bé-né-fi-ci-a-le. bi-en-heu-reu-se-ment. bé-né-fi-ci-ai-re. ca-thé-go-ri-que-ment. cham-pi-gnon-ni-è-re. ca-rac-té-ris-ti-que. dé-gé-né-ra-ti-on. dé-fi-ni-ti-ve-ment. dé-no-mi-na-ti-ve-ment. é-cu-mé-ni-que-ment. é-man ci-pa-ti-on. ex-tra-or-di-nai-re-ment. fé-li-ci-ta-ti-on. gra-ti-fi-ca-ti-on gé-néra-lis-si-me. her-bo-ri sa-ti-on. hi-é-ro gly-phi-que. har-mo-ni-eu-se-ment. im-mu-ta-bi-li-té. in-vi-o-la-ble-ment. im-mo-dé-ra ti-on. ju di-ci-ai-re-ment. jus-ti-fi-ca-ti-on. jus-ti-fi-ca-ti-ve. lé-gis-la-ti-on. la-bo-ri-eu-se-ment. lon-gi-tu-di-na le. ma-nu-fac-tu-ri-er. ma-ni-pu-la-ti-on. mal-lé-a bi-li-té. né-go-ci-a-ti-on. nu-mis-ma-gro-phie. né-cro-man-ci-en-ne. of-fi-ci-eu-se-ment. or-ga-ni-sa-ti-on. o-pi-ni-â-tre-té. pa-ral-lé-lo-gram-me. pé-pi-ni-é-ris-te. ré-con-ci-li-a-teur. ré-ci-pi-en-dai-re ra-mi-fi-ca-ti-on. sep-ten-tri-o-na-le. sep-tu-a gé-si-me. sé-cu-li-è-re-ment. thé-o-lo-gi-que ment. ta-bel-li-o-na-ge. ter-gi-ver-sa-ti-on u-ni-vo-ca-ti-on. u-ni-ver-sel-le-ment. vé-ri-fi ca ti-on. vic-to-ri-eu-se-ment. ver-si-fi-ca-ti-on.

HUITIÈME LEÇON.

LECTURES DIVISÉES PAR SYLLABES.

Sur l'étude.

L'É TU DE ins truit la jeu nes se, et bannit les cha grins d'un â ge a van cé ; el le est un or ne ment dans la pros pé ri té, et u ne con so la ti on dans la mau vai se for tu ne. C'est u ne res sour ce en tout temps, en tous lieux, à la vil le ou à la cam pa gne, en voy a ge ou dans nos sé jours or di nai res. Quel le sa tis fac ti on et quels char mes ne trou ve-t-on pas dans la con ver sa ti on de ces hom mes choisis dans tou te l'an ti qui té ! ils ne se font con noî tre à nous que par ce qu'ils ont de plus ai ma ble ; leur com mer ce n'est su jet à au cu ne in é ga li té. Pourquoi ne pas pro fi ter de leurs le çons, de leur tra vail, de leurs con nois san ces ? c'est lâ che té, c'est stu pi di té, c'est pa res se.

NEUVIÈME LEÇON.

Sur la discrétion.

C'EST un beau ta lent que ce lui de par-ler peu ; on se fait res pec ter com me un hom me mys té ri eux, ai mer com-me un hom me pru dent, crain dre com me un hom me qui, dans son si len ce, mé-di te a vec at ten ti on ce qu'il doit fai re con tre ses en ne mis, et qui ne se lais se point a veu gler par la pas si on qui pré-ci pi te tout. La dis cré tion est le raf fi-ne ment de la rai son et un gui de fi dè le dans tous les de voirs de la vie.

L'art de se tai re est u ne gran de ver tu : St. Paul as su re que ce lui qui ne pé che point par pa ro les est or di nai re ment un hom me par fait : il é vi te le men-son ge, la mé di san ce et la ca lom nie.

DIXIÈME LEÇON.

Sur l'amitié.

HEUREUX l'hom me qui n'est pas trom-pé dans le choix d'un a mi, car c'est l'er-reur la plus dan ge reu se, et en mê me temps la plus fa ci le ! Un a mi vrai sait a dou cir les pei nes, tan dis que beau coup d'au tres qui en pren nent le nom sans l'ê tre, ne ser vent qu'à les aug men ter, ou ser vent à les fai re naî tre. Un a mi est tout pour ce lui qui l'ai me. Qu'est-ce que le mon de sans l'a mi tié ? Un dé sert. L'a mi tié mul ti plie les biens et fait ou bli er les maux ; el le of fre un re mède con tre la mau vai se for tu ne, en ce que par el le du moins l'a me trou ve à é pan-cher ses en nuis. Saint Au gus tin dit que l'a mi tié a quel que cho se d'a gré a ble et de sa tis fai sant, et que ce lui qui n'en con-noît pas les dou ceurs doit s'ex clu re de la so ci é té et l'a ban don ner.

ONZIÈME LEÇON.

Sur la ressource contre le malheur.

I SI DO RE a yant eu dans sa jeu nes se du goût pour le jar di na ge, a voit ap pris à plan ter des ar bres à fruits, à les tail ler, à fai re des en tes et des é cus sons ; ce qui, par la sui te, lui fut d'u ne gran de res sour ce ; car u ne très-gros se ma la die qui lui sur vint l'a yant mis hors d'é tat de tra vail ler à de forts ou vra ges, il se-roit mort de faim ; mais, com me il s'enten doit très-bien à la cul tu re et à l'en-tre tien des arbres, un ri che pro pri é-tai re du vil la ge le prit à son ser vi ce, en qua li té de gar çon jar di ni er; ce qui lui don na du pain jus qu'à sa mort. Ain si tout ce qui peut ê tre u ti le ne peut ja-mais nui re; au con trai re, il peut ê tre d'u ne gran de res sour ce con tre les ad-ver si tés et les dan gers aux quels nous nous trou vons cha que jour ex po sés.

DOUZIÈME LEÇON.

Sur l'utilité du travail.

Un hom me qui a voit deux en fans é tant ve nu à mou rir, l'aî né se ren dit aus si tôt à la cour, y sut plai re et ob tint u ne pla ce. Le jeu ne res ta au vil la ge, y cul ti va un champ que son pè re lui a voit lais sé, et vé cut du tra vail de ses mains. Un jour l'aî né é tant ve nu le voir, lui dit: « Pour quoi n'ap prends-tu pas à » fai re la cour et à plai re, tu ne se rois » pas o bli gé de tra vail ler ain si pour » vi vre? » Il lui ré pon dit aus si tôt: « Pour quoi, mon frè re, n'ap prends-tu » pas à tra vail ler com me moi, tu ne » se rois pas o bli gé d'ê tre es cla ve, et de » con noî tre les ar ti fi ces du men son ge et

» de la sé duc ti on ; tu ne pen se rois qu'à
» ton sa lut et à ton é ter ni té, et tu jou i-
» rois d'u ne vie heu reu se et tran quil le ».

TREIZIÈME LEÇON.

Bel exemple pour les jeunes gens, sur l'emploi du temps.

DANS son en fan ce, Thé mis to cle em-plo yoit ses ré cré a ti ons, non pas aux ba ga tel les que l'on per met à cet â ge, mais à com po ser de pe tits plai do yers, pour dé fen dre quel qu'un de ses ca ma-ra des, lors qu'il y a voit quel que ac cu-sa ti on por tée con tre eux. Il fal loit u ser de con train te pour l'ap pli quer aux é tu des qui ne sont qu'a gré a bles ; son es prit et sa mé moi re ne se prê toient qu'aux con nois san ces so li des et vé ri-ta ble ment u ti les. Aus si son maî tre pré sa gea-t-il dès lors que cet en fant se ren droit un jour cé lè bre par de gran des ver tus et de gran des con nois san ces.

Sui vez cet exem ple, chers en fans, vous vous ren drez u ti les à vos sem bla-bles, et vous vous en fe rez bé nir, ai mer et es ti mer.

SECONDE PARTIE.

QUATORZIÈME LEÇON.

Sur la grammaire et l'orthographe française.

AVANT-PROPOS.

L'ÉTUDE de la langue du pays que l'on habite doit toujours précéder, dans la jeunesse, tous les autres genres d'instruction. Comme la langue maternelle est le véritable sentier qui puisse conduire un enfant aux premières connoissances civiles et morales, où résident ordinairement son bonheur et celui de la société, il faut qu'il commence par en faire sa principale occupation; pour cet effet, on place ici, pour seconde partie, un petit précis de grammaire française qui pourra, sans trop le fatiguer, le mettre à même de parler et d'écrire correctement.

Des lettres alphabétiques.

Les lettres alphabétiques, arrangées par des combinaisons méthodiques, forment des syllabes, et les syllabes font ce qu'on appelle des mots.

Des syllabes.

Une syllabe est, comme on a dû le remarquer dans les leçons précédentes, un son formé par une seule émission de la voix. La syllabe est indivisible, mais le mot se divise en autant de parties qu'il y a de syllabes. On appelle monosyllabe un mot qui n'a qu'une syllabe; dissyllabe, celui qui en a deux; trissyllabe, celui qui en a trois; quadrissyllabes, celui qui en a quatre, et polysyllabes celui qui en a une quantité sans en fixer le nombre.

Des voyelles et des consonnes.

Les mots sont composés de deux sortes de lettres; les unes se nomment voyelles, et les autres consonnes.

Les voyelles qui servent à fixer le son des syllabes, sont: a, e, i, o, u, y.

Les consonnes, qui, sans le secours d'une ou de plusieurs voyelles, ne peuvent se prononcer, sont: b, c, d, f, g, h, j, k, l, m, n, p, q, r, s, t, v, x, z.

Manière de prononcer les consonnes.

B . .	bé.	F . .	ef.
C . .	cé.	G . .	gé.
D . .	dé.	H . .	ache.

J	. .	gi.	R	. .	er.
K	. .	ka.	S	. .	esse.
L	. .	el.	T	. .	té.
M	. .	em.	V	. .	vé.
N	. .	enne.	X	. .	ix.
P	. .	pé.	Z	. .	zède.
Q	. .	qu.			

Il y a quatre sortes d'*e* : l'*e* muet, l'*é* fermé, l'*è* ouvert, et l'*ê* fortement ouvert.

Ces différens *e* sont distingués par des accens ou lignes qui en déterminent la prononciation.

Des accens.

Il y a trois sortes d'accens : l'accent aigu, l'accent grave, et l'accent circonflexe.

L'accent aigu est fait de droite à gauche (é).

L'accent grave, de gauche à droite (è).

Et l'accent circonflexe est composé des deux (ê).

On met un accent aigu sur l'*e* fermé, comme dans les mots, vérité, prémédité.

On met un accent grave sur l'*e* ouvert, comme dans ces mots, succès, procès ; et aussi sur *a* et *u*, comme dans ces phrases : On dit que, dans la ville de Tours *où* vous demeurez, votre enfant plaît *à* tout le monde. La chambre *où* vous étudiez est commode *à* tout.

On met l'accent circonflexe sur les cinq

voyelles a, e, i, o, u, comme dans ces mots : blâme, tempête, gîte, dôme, flûté.

L'*e* muet ne prend jamais d'accent, attendu qu'il a un son sourd et peu sensible, comme on le voit dans ces mots, homme, femme, livre.

L'apostrophe (') marque le retranchement de l'une de ces trois lettres, a, e, i. Elle remplace l'une de ces trois lettres, lorsque le mot suivant commence par une voyelle ou par une *h* non aspirée, comme dans ces mots : l'amitié, l'enfant, l'hymen, s'il.

Le tréma (ë) marque quand l'une de ces lettres, e, i, u, doivent être prononcées séparément de la voyelle qui la précède ou qui la suit, comme dans ces mots : haïr, poëte, ambigüe.

La cédille (ç) est une petite figure qu'on met sous le c, lorsqu'il se trouve devant a, o, u, pour avertir qu'il doit avoir le son de l'*s*, comme dans ces mots : français, façon, reçu.

Le trait d'union (-) est une petite ligne horizontale qui sert à unir deux mots, comme dans ceux-ci : viendra-t-il, ira-t-elle.

La parenthèse ( ) est composée de deux crochets en forme de deux demi-cercles ; elle sert à renfermer un sens particulier, qui quelquefois est analogue ou distinct de celui de la phrase, comme : Je voudrois être (vous n'en doutez pas) un homme riche, afin de faire des heureux.

Les guillemets (») sont deux virgules dont on se sert quand on cite quelques passages d'un auteur ou une maxime quelconque.

De la ponctuation.

La ponctuation est l'art de séparer les différentes parties d'un discours par des figures dont on est convenu pour cela, comme :

La virgule (,), le point et la virgule (;), les deux points (:), le point (.), le point d'interrogation (?), et le point d'admiration (!).

La virgule sert pour séparer les mots substantifs, les adjectifs, les verbes et les différentes parties d'une phrase, comme dans celle-ci : le singe est adroit, souple, méfiant, indocile et volontaire.

Le point avec la virgule se met entre deux phrases dont l'une dépend de l'autre, comme si on écrivoit ceci : l'amitié est à la vérité une vertu ; mais elle ne doit pas dégénérer en foiblesse.

Les deux points se mettent après une phrase finie et qui est suivie d'une autre qui sert à l'étendre et à l'éclaircir, comme s'il y avoit : il ne faut jamais se moquer des infortunés : qui peut s'assurer d'être toujours heureux ?

Le point se met à la fin d'une phrase, lorsque le sens est entièrement fini, comme dans celle-ci : le mensonge est le plus bas de tous les vices.

Le point d'interrogation sert dans les discours pour marquer une interrogation, comme si on faisoit ces questions : avez-vous rempli vos devoirs ? êtes-vous satisfait ? comment vous portez-vous ?

Le point d'admiration sert à exprimer la surprise, comme dans ces phrases : hélas ! que je suis malheureux ! Ha ! vous me faites peur ! Oh ! que c'est beau !

Des lettres oapitales.

Les lettres capitales sont de grandes lettres que l'on met au commencement des noms propres d'hommes, de qualités, et de lieux ; comme Fénélon, Archevêque de Cambrai.

On met aussi les lettres capitales aux noms des sciences et des arts, lorsqu'ils sont le principal sujet d'un discours, ainsi qu'au commencement de chaque vers et de chaque phrase.

De la nature des lettres alphabétiques.

Les lettres de l'alphabet sont les unes du genre masculin, et les autres du genre féminin.

Celles du genre masculin sont : a, b, c, d, e, g, i, j, k, o, p, q, t, u, v, x, y, z.

Et celles du genre féminin sont : f, h, l, m, n, r, s.

QUINZIÈME LEÇON.

Des parties du discours.

NEUF sortes de mots composent la langue française : l'article, le nom, le pronom, le verbe, le participe, l'adverbe, la préposition, la conjonction et l'interjection.

De l'Article.

L'Article se met devant le nom, soit qu'il convienne à plusieurs personnes ou à plusieurs choses ; il s'accorde avec lui en genre et en nombre.

Il y a deux sortes d'articles : l'article défini et l'article indéfini.

L'article défini désigne clairement la chose, comme le ciel, la terre.

L'article indéfini, au contraire, ne le fait que d'une manière vague et indéterminée, comme : voilà *de* belles poires et *de* belles pommes.

Du Genre.

Il y a deux sortes de Genres, le masculin et le féminin.

Le masculin se connoît par *le* ou *un* qu'on

met ordinairement avant le nom, comme : le tableau, un livre ; et le féminin par *la* ou *une*, comme la porte, une croisée.

Du Nombre.

Le nombre marque l'unité ou la pluralité d'une chose. Il y a deux sortes de nombres : le singulier et le pluriel.

Le singulier convient à une seule personne ou à une seule chose, comme : *un* homme, *une* table.

Le pluriel convient à plusieurs personnes ou à plusieurs choses, comme : *les* hommes, *les* tables.

Les articles sont : *le, la, les, de, du, des, à, au, aux, ô, un, une.*

Du Nom.

Le nom sert à désigner une personne ou une chose. Il y a deux sortes de noms : le nom substantif et le nom adjectif.

Le nom substantif exprime un objet déterminé.

On connoît qu'un nom est substantif, lorsqu'on peut mettre avant lui l'article *un* ou *une*, comme *un* violon, *une* clarinette.

Le nom adjectif exprime la qualité de la personne ou de la chose.

On reconnoît qu'un nom est adjectif, lorsqu'on peut y joindre les mots *personne* ou *chose*. L'adjectif s'accorde avec le substantif en genre et en nombre. On ne peut guère entendre un nom adjectif sans y joindre un nom substantif. Les mots *savant*, *joli*, *gracieux*, sont des noms adjectifs, attendu qu'il ne peuvent guère s'entendre sans être joints à des noms substantifs; exemple: *un homme savant*, *une femme jolie*, *un sourire gracieux*.

SEIZIÈME LEÇON.

Des Pronoms.

Les Pronoms sont des mots qui se mettent à la place des noms, pour en éviter la répétition.

Il y a sept sortes de Pronoms.

Les Pronoms personnels conjonctifs, possessifs, démonstratifs, relatifs, interrogatifs ou absolus, indéfinis ou indéterminés.

Les Pronoms personnels tiennent la place des personnes et sont toujours joints aux verbes.

Singulier.

Je ou *moi*, pour la première personne.

Tu ou *toi*, pour la seconde.

Il, pour le masculin, et *elle*, pour le féminin, pour la troisième.

Pluriel.

Nous, pour la première personne des deux genres.

Vous, pour la seconde personne aussi des deux genres.

Ils, pour la troisième, au masculin, et *elles*, pour le féminin.

On, pronom personnel des deux genres, comme : *on dit.*

Les Pronoms conjonctifs sont toujours joints aux verbes dont ils reçoivent l'action ; ce sont : *me*, *te*, *se*, *nous*, *vous*, *lui*, *le*, *la*, *les*, *leur*.

Les Pronoms possessifs marquent la possession d'une chose ; ce sont :

Mon, *ma*, *mes*; *ton*, *ta*, *tes*; *son*, *sa*, *ses*; *notre*, *nôtre*, *nos*; *votre*, *vôtre*, *vos*; *leur*, *leurs*.

Notre et *votre*, précédés d'un article, prennent un accent circonflexe, au lieu que suivis d'un nom substantif, ils n'en prennent point ; exemple : *notre maison est* la *vôtre*. *Votre ami est* le *nôtre*.

Leur prend une *s* devant un substantif pluriel, ou quand il est précédé de l'article pluriel *les;* mais devant un verbe, il n'en prend jamais; exemple : *Leur commis s'accorde bien avec leurs enfans.*

Les Pronoms démonstratifs servent à montrer la personne ou l'objet dont on parle ; ce sont : *ce*, *cet*, *cette*, *ces*, *celui*; *celle*, *ceux*, *celles*; *celui-ci*, *celle-ci*, *ceux-ci*, *celles-ci*; *celui-là*, *celle-là*, *ceux-là*, *celles-là*, *ceci*, *cela*.

Il ne faut pas confondre les pronoms démonstratifs *ce*, *ces*, avec le pronom conjonctif *se*, et le pronom possessif *ses*; voici comment on peut les distinguer : *se*, devant un verbe dont il reçoit l'action, s'écrit par une *s*, et il s'écrit par un *c* quand il a pour objet une personne ou une chose ; exemple : *Ce* général *se* trouve très-embarrassé.

Ces s'écrit par un *c*, quand on indique un objet, et on l'écrit avec une *s*, quand on indique la possession.

Votre oncle a perdu *ses* enfans et *ses* biens.

Ces raisins sont délicieux, *ces* prunes sont belles.

Les pronoms relatifs ont toujours rapport à un nom ou à un pronom qui précède ; ce sont qui, que, lequel, laquelle, lesquels, lesquelles, dont ou de qui, quoi.

Les pronoms absolus n'ont point de rapport à un nom qui précède, qui? que? quoi? quel? et, quand ils sont suivis d'un point d'interrogation, on les appelle interrogatifs ; mais, quand ils précèdent un point d'admiration, on les nomme admiratifs.

Les pronoms indéfinis ou indéterminés sont ainsi appelés, parce qu'ils expriment indéterminément un objet ; ce sont quelqu'un, quelqu'une, chacun, chacune, autre, autrui, personne, nul, nulle, quiconque, même, tel, plusieurs, qui que ce soit, quoi que ce soit, etc.

Du Verbe.

Le verbe est un mot qui exprime l'action, soit du corps, comme marcher; soit du cœur, comme aimer; soit de l'esprit, comme penser.

On connoît qu'un mot est verbe, quand on peut mettre avant lui un des pronoms personnels, je, tu, il; ainsi *aimer* est un verbe, parce que l'on peut dire, j'aime, tu aimes, il aime.

Le sujet du verbe est la personne ou la chose qui fait l'action; le régime au contraire est celui qui la reçoit du verbe.

Il y a dans les verbes quatre conjugaisons différentes que l'on connoît par la terminaison de l'infinitif.

La première est terminée en *er*, comme *donner;*

La seconde en *ir*, comme *agir;*

La troisième en *oir*, comme *recevoir;*

La quatrième en *re*, comme *vendre.*

Il y a encore deux verbes que l'on appelle *auxiliaires*, parce que les autres en ont besoin pour être conjugués dans tous leurs temps composés, tant à l'actif qu'au passif: ce sont *avoir* et *être*.

DIX-SEPTIÈME LEÇON.

CONJUGAISON DU VERBE AUXILIAIRE *AVOIR*.

Indicatif présent.

Sing. J'ai, tu as, il *ou* elle a.

Plur. Nous avons, vous avez, ils *ou* elles ont.

Imparfait.

Sing. J'avois, tu avois, il *ou* elle avoit.

Plur. Nous avions, vous aviez, ils *ou* elles avoient.

Prétérit défini.

S. J'eus, tu eus, il eut.

P. Nous eûmes, vous eûtes, ils eurent.

Prétérit indéfini.

S. J'ai eu, tu as eu, il a eu.

P. Nous avons eu, vous avez eu, ils ont eu.

Prétérit antérieur.

S. J'eus eu, tu eus eu, il eut eu.

P. Nous eûmes eu, vous eûtes eu, ils eurent eu.

Plus-que-parfait.

S. J'avois eu, tu avois eu, il avoit eu.

P. Nous avions eu, vous aviez eu, ils avoient eu.

Futur simple.

S. J'aurai, tu auras, il aura.

P. Nous aurons, vous aurez, ils auront.

Futur composé.

S. J'aurai eu, tu auras eu, il aura eu.

P. Nous aurons eu, vous aurez eu, ils auront eu.

Conditionnel présent.

S. J'aurois, tu aurois, il auroit.
P. Nous aurions, vous auriez, ils auroient.

Conditionnel passé.

S. J'aurois *ou* j'eusse eu, tu aurois *ou* tu eusses eu, il auroit *ou* il eût eu.
P. Nous aurions *ou* nous eussions eu, vous auriez *ou* vous eussiez eu, ils auroient *ou* ils eussent eu.

Impératif.

S. Aie, qu'il ait.
P. Ayons, ayez, qu'ils aient.

Subjonctif présent.

S. Que j'aie, que tu aies, qu'il ait.
P. Que nous ayons, que vous ayez, qu'ils aient.

Imparfait.

S. Que j'eusse, que tu eusses, qu'il eût.
P. Que nous eussions, que vous eussiez, qu'ils eussent.

Prétérit.

S. Que j'aie eu, que tu aies eu, qu'il ait eu.
P. Que nous ayons eu, que vous ayez eu, qu'ils aient eu.

Plus-que-parfait.

S. Que j'eusse eu, que tu eusses eu, qu'il eût eu.
P. Que nous eussions eu, que vous eussiez eu, qu'ils eussent eu.

Infinitif présent.

Avoir.

Prétérit.

Avoir eu.

Participe présent.

Ayant.

Participe passé.

Eu, eue, *ou* ayant eu.

Futur.

Devant avoir.

DIX-HUITIÈME LEÇON.

CONJUGAISON DU VERBE AUXILIAIRE *ÊTRE*.

Indicatif présent.

Sing. Je suis, tu es, il est.

Plur. Nous sommes, vous êtes, ils sont.

Imparfait.

S. J'étois, tu étois, il *ou* elle étoit.

P. Nous étions, vous étiez, ils *ou* elles étoient.

Prétérit défini.

S. Je fus, tu fus, il fut.

P. Nous fûmes, vous fûtes, ils furent.

Prétérit indéfini.

S. J'ai été, tu as été, il a été.

P. Nous avons été, vous avez été, ils ont été.

Prétérit antérieur.

S. J'eus été, tu eus été, il eut été.

P. Nous eûmes été, vous eûtes été, ils eurent été.

Plus-que-parfait.

S. J'avois été, tu avois été, il avoit été.

P. Nous avions été, vous aviez été, ils avoient été.

Futur simple.

S. Je serai, tu seras, il sera.

P. Nous serons, vous serez, ils seront.

Futur composé.

S. J'aurai été, tu auras été, il aura été.

P. Nous aurons été, vous aurez été, ils auront-été.

Conditionnel présent.

S. Je serois, tu serois, il seroit.

P. Nous serions, vous sériez, ils seroient.

Conditionnel passé.

S. J'aurois *ou* j'eusse été, tu aurois *ou* tu eusses été, il auroit *ou* il eût été.

P. Nous aurions *ou* nous eussions été, vous auriez *ou* vous eussiez été, ils auroient *ou* ils eussent été.

Impératif.

S. Sois, qu'il soit.

P. Soyons, soyez, qu'ils soient.

Subjonctif présent ou futur.

S. Que je sois, que tu sois, qu'il soit.

P. Que nous soyons, que vous soyez, qu'ils soient.

Imparfait.

S. Que je fusse, que tu fusses, qu'il fût.

P. Que nous fussions, que vous fussiez, qu'ils fussent.

Prétérit.

S. Que j'aie été, que tu aies été, qu'il ait été.

P. Que nous ayons été, que vous ayez été, qu'ils aient été.

Plus-que-parfait.

S. Que j'eusse été, que tu eusses été, qu'il eût été.

P. Que nous eussions été, que vous eussiez été, qu'ils eussent été.

Infinitif présent.

Etre.

Prétérit.

Avoir été.

Participe présent.

Etant.

Participe passé.

Eté, *ou* ayant été.

Futur.

Devant être.

DIX-NEUVIEME LEÇON.

PREMIÈRE CONJUGAISON EN *ER*.

Indicatif présent.

Sing. Je donne, tu donnes, il donne.

Plur. Nous donnons, vous donnez, ils donnent.

Imparfait.

S. Je donnois, tu donnois, il donnoit.

P. Nous donnions, vous donniez, ils donnoient.

Prétérit défini.

S. Je donnai; tu donnas, il donna.

P. Nous donnâmes, vous donnâtes, ils donnèrent.

Prétérit indéfini.

S. J'ai donné, tu as donné, il a donné.

P. Nous avons donné, vous avez donné, ils ont donné.

Prétérit antérieur.

S. J'eus donné, tu eus donné, il eut donné.

P. Nous eûmes donné, vous eûtes donné, ils eurent donné.

Plus-que-parfait.

S. J'avois donné, tu avois donné, il avoit donné.

P. Nous avions donné, vous aviez donné, ils avoient donné.

Futur simple.

S. Je donnerai, tu donneras, il donnera.

P. Nous donnerons, vous donnerez, ils donneront.

Futur composé.

S. J'aurai donné, tu auras donné, il aura donné.

P. Nous aurons donné, vous aurez donné, ils auront donné.

Conditionnel présent.

S. Je donnerois, tu donnerois, il donneroit.

P. Nous donnerions, vous donneriez, ils donneroient.

Conditionnel passé.

S. J'aurois *ou* j'eusse donné, tu aurois *ou* tu eusses donné, il auroit *ou* il eût donné.

P. Nous aurions *ou* nous eussions donné, vous auriez *ou* vous eussiez donné, ils auroient *ou* ils eussent donné.

Impératif.

S. . . . . . . Donne, qu'il donne.

P. Donnons, donnez, qu'ils donnent.

Subjonctif présent ou futur.

S. Que je donne, que tu donnes, qu'il donne.

P. Que nous donnions, que vous donniez, qu'ils donnent.

Imparfait.

S. Que je donnasse, que tu donnasses, qu'il donnât.

P. Que nous donnassions, que vous donnassiez, qu'ils donnassent.

Prétérit.

S. Que j'aie donné, que tu aies donné, qu'il ait donné.

P. Que nous ayons donné, que vous ayez donné, qu'ils aient donné.

Plus-que-parfait.

S. Que j'eusse donné, que tu eusses donné, qu'il eût donné.

P. Que nous eussions donné, que vous eussiez donné, qu'ils eussent donné.

Infinitif présent.

Donner.

Prétérit.

Avoir donné.

Participe présent.

Donnant.

Participe passé.

Donné, *ou* ayant donné.

Ainsi se conjuguent les verbes aimer, chanter, danser, et tous ceux dont l'infinitif se termine en *er*.

VINGTIÈME LEÇON.

SECONDE CONJUGAISON EN *IR.*

Indicatif présent.

Sing. J'agis, tu agis, il agit.
Plur. Nous agissons, vous agissez, ils agissent.

Imparfait.

S. J'agissois, tu agissois, il agissoit.
P. Nous agissions, vous agissiez, ils agissoient.

Prétérit défini.

S. J'agis, tu agis, il agit.
P. Nous agîmes, vous agîtes, ils agirent.

Prétérit indéfini.

S. J'ai agi, tu as agi, il a agi.
P. Nous avons agi, vous avez agi, ils ont agi.

Prétérit antérieur.

S. J'eus agi, tu eus agi, il eut agi.
P. Nous eûmes agi, vous eûtes agi, ils eurent agi.

Plus-que-parfait.

S. J'avois agi, tu avois agi, il avoit agi.
P. Nous avions agi, vous aviez agi, ils avoient agi.

Futur simple.

S. J'agirai, tu agiras, il agira.
P. Nous agirons, vous agirez, ils agiront.

Futur composé.

S. J'aurai agi, tu auras agi, il aura agi.
P. Nous aurons agi, vous aurez agi, ils auront agi.

Conditionnel présent.

S. J'agirois, tu agirois, il agiroit.
P. Nous agirions, vous agiriez, ils agiroient.

Conditionnel passé.

S. J'aurois *ou* j'eusse agi, tu aurois *ou* tu eusses agi, il auroit *ou* il eût agi.
P. Nous aurions *ou* nous eussions agi, vous auriez *ou* vous eussiez agi, ils auroient *ou* ils eussent agi.

Impératif.

S. . . . . Agis, qu'il agisse.
P. Agissons, agissez, qu'ils agissent.

Subjonctif présent ou futur.

S. Que j'agisse, que tu agisses, qu'il agisse.
P. Que nous agissions, que vous agissiez, qu'ils agissent.

Imparfait.

S. Que j'agisse, que tu agisses, qu'il agît.
P. Que nous agissions, que vous agissiez, qu'ils agissent.

Prétérit.

S. Que j'aie agi, que tu aies agi, qu'il ait agi.
P. Que nous ayons agi, que vous ayez agi, qu'ils aient agi.

Plus-que-parfait.

S. Que j'eusse agi, que tu eusses agi, qu'il eût agi.
P. Que nous eussions agi, que vous eussiez agi, qu'ils eussent agi.

Infinitif présent.

Agir.

Prétérit.

Avoir agi.

Participe présent.

Agissant.

Futur.

Devant agir.

Participe passé.

Agi, agie, *ou* ayant agi.

Ainsi se conjuguent les verbes guérir, finir, réjouir, et tous ceux dont l'infinitif se termine en *ir*.

VINGT-UNIÈME LEÇON.

TROISIÈME CONJUGAISON EN *OIR*.

Indicatif présent.

Sing. Je reçois, tu reçois, il reçoit.

Plur. Nous recevons, vous recevez, ils reçoivent.

Imparfait.

S. Je recevois, tu recevois, il recevoit.

P. Nous recevions, vous receviez, ils recevoient.

Prétérit défini.

S. Je reçus, tu reçus, il reçut.

P. Nous reçûmes, vous reçûtes, ils reçurent.

Prétérit indéfini.

S. J'ai reçu, tu as reçu, il a reçu.

P. Nous avons reçu, vous avez reçu, ils ont reçu.

Prétérit antérieur.

S. J'eus reçu, tu eus reçu, il eut reçu.

P. Nous eûmes reçu, vous eûtes reçu, ils eurent reçu.

Plus-que-parfait.

S. J'avois reçu, tu avois reçu, il avoit reçu.

P. Nous avions reçu,

vous aviez reçu, ils avoient reçu.

Futur simple.

S. Je recevrai, tu recevras, il recevra.

P. Nous recevrons, vous recevrez, ils recevront.

Futur composé.

S. J'aurai reçu, tu auras reçu, il aura reçu.

P. Nous aurons reçu, vous aurez reçu, ils auront reçu.

Conditionnel présent.

S. Je recevrois, tu recevrois, il recevroit.

P. Nous recevrions, vous recevriez, ils recevroient.

Conditionnel passé.

S. J'aurois *ou* j'eusse reçu, tu aurois *ou* tu eusses reçu, il auroit *ou* il eût reçu.

P. Nous aurions *ou* nous eussions reçu, vous auriez *ou* vous eussiez reçu, ils auroient *ou* ils eussent reçu.

Impératif.

S. . . Reçois, qu'il reçoive.

P. Recevons, recevez, qu'ils reçoivent.

Subjonctif présent ou futur.

S. Que je reçoive, que tu reçoives, qu'il reçoive.

P. Que nous recevions, que vous receviez, qu'ils reçoivent.

Imparfait.

S. Que je reçusse, que tu reçusses, qu'il reçût.

P. Que nous reçussions, que vous reçussiez, qu'ils reçussent.

Prétérit.

S. Que j'aie reçu, que tu aies reçu, qu'il ait reçu.

P. Que nous ayons reçu, que vous ayez reçu, qu'ils aient reçu.

Plus-que-parfait.

S. Que j'eusse reçu, que tu eusses reçu, qu'il eût reçu.

P. Que nous eussions reçu, que vous eussiez reçu, qu'ils eussent reçu.

Participe présent.

Recevant.

Infinitif présent.

Recevoir.

Prétérit.

Avoir reçu.

Participe passé.

Reçu, reçue, *ou* ayant reçu.

Futur.

Devant recevoir.

Ainsi se conjuguent les verbes concevoir, voir, devoir, et tous ceux dont l'infinitif se termine en *oir*.

VINGT-DEUXIÈME LEÇON.

QUATRIÈME CONJUGAISON EN *RE*.

Indicatif présent.

Sing. Je vends, tu vends, il vend.

Plur. Nous vendons, vous vendez, ils vendent.

Imparfait.

S. Je vendois, tu vendois, il vendoit.

P. Nous vendions, vous vendiez, ils vendoient.

Prétérit défini.

S. Je vendis, tu vendis, il vendit.

P. Nous vendîmes, vous vendîtes, ils vendirent.

Prétérit indéfini.

S. J'ai vendu, tu as vendu, il a vendu.

P. Nous avons vendu, vous avez vendu, ils ont vendu.

Prétérit antérieur.

S. J'eus vendu, tu eus vendu, il eut vendu.

P. Nous eûmes vendu, vous eûtes vendu, ils eurent vendu.

Plus-que-parfait.

S. J'avois vendu, tu avois vendu, il avoit vendu.

P. Nous avions vendu, vous aviez vendu, ils avoient vendu.

Futur simple.

S. Je vendrai, tu vendras, il vendra.

P. Nous vendrons, vous vendrez, ils vendront.

Futur composé.

S. J'aurai vendu, tu auras vendu, il aura vendu.

P. Nous aurons vendu, vous aurez vendu, ils auront vendu.

Conditionnel présent.

S. Je vendrois, tu vendrois, il vendroit.

P. Nous vendrions, vous vendriez, ils vendroient.

Conditionnel passé.

S. J'aurois *ou* j'eusse vendu, tu aurois *ou* tu eusses vendu, il auroit *ou* il eût vendu.

P. Nous aurions *ou* nous eussions vendu, vous auriez *ou* vous eussiez vendu, ils auroient *ou* ils eussent vendu.

Impératif.

S. . . Vends, qu'il vende.

P. Vendons, vendez, qu'ils vendent.

Subjonctif présent.

S. Que je vende, que tu vendes, qu'il vende.

P. Que nous vendions, que vous vendiez, qu'ils vendent.

Imparfait.

S. Que je vendisse, que tu vendisses, qu'il vendît.

P. Que nous vendissions, que vous vendissiez, qu'ils vendissent.

Prétérit.

S. Que j'aie vendu, que tu aies vendu, qu'il ait vendu.

P. Que nous ayons vendu, que vous ayez vendu, qu'ils aient vendu.

Plus-que-parfait.

S. Que j'eusse vendu, que tu eusses vendu, qu'il eût vendu.

P. Que nous eussions vendu, que vous eussiez vendu, qu'ils eussent vendu.

Infinitif présent.

Vendre.

Prétérit.

Avoir vendu.

Participe présent.

Vendant.

Participe passé.

Vendu, vendue *ou* ayant vendu.

Futur.

Devant vendre.

Ainsi se conjuguent les verbes entendre, rendre, plaire, et tous ceux dont l'infinitif se termine en *re*.

VINGT-TROISIÈME LEÇON.

Du Participe.

Le participe est ainsi nommé, parce qu'il participe de la nature du verbe et de la nature du nom; il participe de la nature du verbe, en ce qu'il en tire son origine; il participe de la nature du nom, en ce qu'il devient quelquefois nom adjectif.

Il y a deux sortes de participe. Le participe présent et le participe passé.

Le participe présent ne varie jamais, c'est-à-dire qu'il ne prend ni genre ni nombre ; *exemple* : Un homme travaillant. Une femme travaillant.

Le participe passé s'accorde ou avec son nominatif ou avec son régime. Quand le participe passé est accompagné du verbe auxiliaire *avoir*, il ne s'accorde jamais avec son nominatif, mais, quand il est accompagné du verbe auxiliaire *être*, il s'accorde avec lui en genre et en nombre ; *exemple* : Mon frère a écrit une lettre. Ma sœur a écrit une lettre. Mon frère a été puni. Ma sœur a été punie.

De l'Adverbe.

L'adverbe est un mot indéclinable qui se joint au verbe pour en déterminer la signification ; comme quand on dit : Cet homme agit prudemment ; par ce mot prudemment, on fait entendre qu'il agit d'une manière plutôt que d'une autre.

De la Préposition.

La préposition est un mot qui sert à joindre le nom ou pronom suivant au mot qui le précède ; par exemple : l'écriture est *utile* à *l'homme* ; *à* fait rapporter le nom *homme* à l'adjectif utile ; *de* et *à* sont des prépositions ; le mot qui les suit, s'apelle le *régime* de la préposition.

De la Conjonction.

La conjonction est un mot qui sert à joindre une phrase à une autre phrase ; par exemple : *elle pleure* et *elle rit en même temps;* le mot *et* lie la première phrase *elle pleure* avec la seconde *elle rit.*

De l'Interjection.

L'interjection est un mot qui sert à exprimer les divers mouvemens de l'ame, comme la joie, la douleur, la crainte, la peine, le plaisir, l'admiration et l'aversion, par ces mots : ah! bon! aye! ah! hélas! ah! hé! tan pis! tant mieux! oh! fi, fi donc!

TROISIÈME PARTIE.

MORALE.

VINGT-QUATRIÈME LEÇON.

HISTOIRE DE JOSEPH, FILS DU PATRIARCHE JACOB.

Songes et enfance de Joseph.

JACOB eut douze fils, parmi lesquels il aimoit particulièrement Joseph, parce qu'il l'avoit eu dans sa vieillesse. Cette prédilection le fit haïr de ses frères, surtout depuis qu'il leur avoit raconté deux songes qu'il avoit eus, qui présageoient sa grandeur future.

« Nous étions dans un champ, leur dit-il, » occupés à lier des gerbes de blé, lorsque » ma gerbe se leva et se tint debout, tandis » que les vôtres, rangées autour d'elle, s'in- » clinoient pour lui rendre hommage. En- » suite je vis le soleil, la lune et onze étoiles » qui m'adoroient. » Que signifient ces songes ? lui dirent son père, et sa mère, et ses

frères? Croyez-vous que nous soyons un jour soumis à votre puissance? espérez-vous devenir notre souverain ? Depuis ce moment ses frères le haïrent de plus en plus, et résolurent de s'en débarrasser.

Un jour que Joseph étoit resté à la maison, tandis que ses frères étoient allés conduire au loin leurs troupeaux, Jacob l'envoya vers eux pour savoir de leurs nouvelles et leur porter ce qui leur étoit nécessaire; dès qu'ils le virent de loin, ils prirent la résolution de le tuer. « Voici notre songeur, se dirent-ils, » tuons-le, et le jetons dans quelque fosse, » et nous dirons à notre père qu'une bête » l'a dévoré : alors nous verrons à quoi lui » auront servi ses rêveries, »

MORALE.

Les méchans détestent ordinairement les bons; la vertu et le mérite leur paroissent ridicules et insupportables, et ils ne desirent rien tant que d'être débarrassés de témoins aussi nuisibles à leurs passions, et ils usent de mensonges et de stratagèmes pour s'en défaire.

VINGT-CINQUIEME LEÇON.

Joseph descendu dans une citerne et vendu à des marchands.

Ruben, qui étoit le plus âgé des enfans de Jacob, essaya d'éloigner ses frères du crime qu'ils avoient l'intention de commettre en voulant tuer leur frère Joseph. « Ne tuons » pas cet enfant, leur dit-il, il est notre » frère, descendons-le plutôt dans cette » citerne »; *car il étoit dans l'intention de l'en retirer et de le reconduire à son père.* Ses frères suivirent son conseil; et dès que Joseph fut arrivé, ils le dépouillèrent et le descendirent dans la citerne. Mais, lorsqu'ils étoient assis pour prendre leur repas, ils aperçurent des marchands qui alloient en Egypte pour y vendre des parfums. Ils résolurent de vendre Joseph à ces marchands, qui l'achetèrent vingt écus, et l'emmenèrent.

Alors les frères de Joseph teignirent sa robe du sang d'un chevreuil qu'ils avoient tué, l'envoyèrent à Jacob, et lui dirent : « Nous avons trouvé cette robe; voyez si ce » n'est pas celle de votre fils. » Jacob l'ayant reconnue, s'écria : « Oui, c'est la robe de mon

Pag. 45.

» fils, une bête cruelle a dévoré Joseph ». Tous ses enfans se réunirent pour le consoler ; mais Jacob ne voulut recevoir aucune consolation, et ne desiroit plus que de rejoindre son fils dans le tombeau.

MORALE.

La vertu se console dans le silence, l'Eternel est son appui. Les larmes sont son apanage en ce monde, mais ce qui l'accable davantage, c'est lorsqu'un trépas fatal vient lui enlever ce qu'elle aimoit le plus.

VINGT-SIXIEME LEÇON.

Putiphar achète Joseph ; il est accusé par la femme de Putiphar, et mis en prison.

Les marchands qui avoient acheté Joseph le vendirent à un Egyptien nommé Putiphar, qui, ayant reconnu son mérite, le mit à la tête de sa maison et de ses affaires.

Comme Joseph étoit d'une figure belle et intéressante, l'épouse de Putiphar devint éprise d'amour pour lui, et l'excitoit souvent au crime. Mais Joseph ne voulut jamais consentir aux desirs de cette femme criminelle.

Enfin, un jour elle employa tous les moyens

de séduction pour perdre Joseph ; et, ne pouvant y réussir, elle saisit son manteau, que Joseph lui abandonna, et il prit la fuite. Alors cette femme irritée appela ses autres esclaves, et accusa, en leur présence, Joseph d'avoir voulu la déshonorer. Putiphar, croyant trop facilement la calomnie de son épouse, fit mettre Joseph en prison.

MORALE.

La jeunesse est environnée d'ennemis les plus cruels, tous les genres de corruption lui sont présentés ; mais nulle puissance humaine ne sauroit la vaincre, lorsqu'elle est couverte du bouclier de la vertu.

VINGT-SEPTIÈME LEÇON.

Songes de deux officiers du roi Pharaon, expliqués par Joseph.

Dans la prison où étoit Joseph, il y avoit deux officiers du roi Pharaon ; l'un étoit grand échanson, et l'autre grand Panetier. Un jour Joseph les trouvant plus tristes que de coutume, leur demanda la cause de leur chagrin. Ceux-ci lui répondirent qu'ils avoient été tous deux tourmentés par un songe dont ils desiroient avoir l'explication.

« Il n'appartient qu'à Dieu seul, leur dit » Joseph, de connoître l'avenir! mais ra- » contez-moi vos songes. »

Le grand échanson commença le premier, et lui dit : « J'ai vu en songe une vigne, d'où » sortoient trois rameaux qui produisirent » d'abord des bourgeons, puis des fleurs, et » enfin des raisins mûrs que j'exprimois dans » la coupe de Pharaon. Ayez bon courage, » lui dit alors Joseph; dans trois jours le » roi vous rétablira dans votre emploi. Je » vous prie de ne pas m'oublier, et de me » rendre service. »

MORALE.

L'espérance est la dernière chose qui meurt en nous, elle endort nos peines, elle est le songe de l'homme éveillé; mais Dieu seul en connoît la valeur.

VINGT-HUITIEME LEÇON.

Joseph explique le songe du grand panetier. Accomplissement des deux songes.

Après que Joseph eut expliqué le songe du grand échanson, le panetier lui raconta également le sien : « Je portois, dit-il, sur » ma tête trois corbeilles remplies de patis-

» series, lorsque des oiseaux, qui voloient » autour de moi, se jetèrent dessus et les » mangèrent. Joseph lui dit : Voici l'explication de votre songe ; les trois corbeilles » figurent trois jours, après lesquels Pharaon vous fera mettre à mort, votre corps » sera attaché à un poteau, et des oiseaux » viendront se repaître de votre chair. »

Effectivement, le troisième jour, qui étoit celui de la naissance de Pharaon, on prépara un grand festin. Alors le roi se ressouvint de ses officiers. Il rétablit le grand échanson dans son ancien emploi, et fit supplicier le grand panetier, et son corps fut attaché à un gibet. Ainsi l'événement justifia l'explication que Joseph avoit donnée à leurs songes.

MORALE.

Les pronostics des gens sages, modestes, vertueux et craignant Dieu, ont presque toujours leur accomplissement; ainsi vivez donc, Jeunesse insensée, de manière qu'on ne puisse jamais n'en former que de bons sur vous.

VINGT-NEUVIÈME LEÇON.

Songes de Pharaon. Le grand échanson lui parle de Joseph.

Deux ans après le rétablissement du grand échanson de Pharaon, celui-ci eut lui-même un songe dans lequel il lui sembloit être debout près du Nil, lorsqu'il en vit sortir sept vaches grasses, qui paissoient dans la prairie voisine, ensuite sept autres vaches maigres, qui se mirent à dévorer les sept premières. Le roi, réveillé en sursaut, se rendormit, et eut un autre songe, il vit sept épis pleins sortir d'une seule tige, lorsque sept autres épis maigres s'élevèrent et consumèrent les premiers.

Pharaon fit venir tous les devins et les mages de l'Egypte, mais aucun ne put lui expliquer ses songes. Alors le grand échanson dit au roi : « Seigneur, j'avoue mon in-
» gratitude; lorsque j'étois dans les prisons,
» avec le grand panetier, nous eûmes tous
» les deux un songe, qu'un jeune hébreu,
» qui étoit avec nous, nous expliqua très-
» savamment.

MORALE.

Les desseins de la providence sont impénétrables. La science humaine ne sauroit en sonder la profondeur. Dieu seul peut en donner la connoissance à qui il lui plaît.

La bonne réputation vaut mieux que les grandes richesses, et l'amitié est plus estimable que l'or et l'argent.

TRENTIÈME LEÇON.

Joseph explique le songe du roi, et est établi intendant de toute l'Egypte.

PHARAON fit venir Joseph, et lui raconta ses deux songes; alors Joseph lui répondit : « Seigneur, vos deux songes ne signifient » qu'une seule et même chose. Les sept vaches grasses et les sept épis pleins sont » sept années d'abondance, qui doivent » bientôt arriver, et les sept vaches maigres » et les sept épis grêles sont sept années de » disette qui viendront ensuite. C'est pour» quoi, Seigneur, ménagez et amassez pour » subvenir à cette calamité prochaine. »

Ce conseil plut à Pharaon, et il chargea Joseph de l'intendance de l'Egypte; alors

ôtant de son doigt son anneau, il le passa à celui de Joseph, le fit revêtir d'une robe magnifique, et le fit placer avec lui dans son char.

Ce sage gouverneur, qui étoit âgé de trente ans lorsqu'il fut comblé de tant de gloire, mit en réserve une partie des grains que lui fournirent les années d'abondance, et il les vendit ensuite aux Egyptiens, et même aux étrangers.

MORALE.

La vigilance est la mère de la prospérité, et Dieu ne refuse point ses faveurs à ceux qui le servent avec franchise et fidélité.

TRENTE-UNIÈME LEÇON.

Jacob envoie ses enfans en Egypte, Joseph feint de les prendre pour des espions.

On venoit de toutes parts en Egypte pour acheter du froment. Jacob, pressé par la famine, y envoya ses enfans, à l'exception de Benjamin, qui étoit le plus jeune; dès qu'ils furent devant Joseph, ils se prosternèrent pour lui rendre hommage; Joseph les reconnut aussitôt, sans en être reconnu lui même; il ne voulut pas d'abord leur dire qui il étoit; mais il leur demanda, comme à des étrangers, d'où ils venoient et quels étoient leurs desseins. Ceux-ci lui répondirent : « Nous venons de Chanaan pour acheter du blé. Non, repartit Joseph, vous » en imposez; vous êtes venus ici pour examiner nos villes et les lieux les moins fortifiés de l'Egypte. Excusez-nous, seigneur, » lui dirent ses frères, nous n'avons aucune » mauvaise intention : nous sommes douze » frères; le plus jeune est resté avec notre » père, et l'autre n'existe plus. »

MORALE.

Aimez à vous venger par beaucoup de bienfaits;
Parlez peu, pensez bien, et gardez vos secrets.
Ne vous informez pas des affaires des autres :
Sans air mystérieux, dissimulez les vôtres.

TRENTE-DEUXIÈME LEÇON.

Joseph retient Siméon jusqu'à ce qu'on lui amène Benjamin.

JOSEPH ressentoit un grand déplaisir de ne pas voir Benjamin avec ses autres frères. C'est pourquoi il leur dit : « J'éprouverai si » vous êtes sincères : un de vous restera » ici en otage jusqu'à ce que vous m'ameniez

» votre plus jeune frère ; les autres pourront » se retirer et emporter du froment. » Alors ils se dirent entre eux : Nous avons mérité ce traitement : Dieu punit notre conduite envers Joseph ; ils croyoient n'être pas entendus de Joseph ; car ils lui avoient parlé par interprète.

Joseph fit emplir de blé les sacs de ses frères, et fit mettre à l'entrée l'argent qu'ils avoient apporté ; il leur donna de plus des provisions pour leur route, et les renvoya, à l'exception de Siméon, qu'il retint pour otage. Lorsqu'ils furent arrivés, ils contèrent à leur père tout ce qui s'étoit passé, et furent très-surpris de trouver dans leurs sacs l'argent qu'ils avoient emporté.

MORALE.

Tout le genre humain n'est qu'une seule famille dispersée sur la surface de la terre ; tous les hommes sont frères et doivent s'y aimer comme tels. Le véritable amour est un penchant de la nature, réglé par la raison, justifié par la vertu, encouragé par la sagesse.

TRENTE-TROISIÈME LEÇON.

Jacob ne veut point laisser partir Benjamin.

LORSQUE Jacob sut que Benjamin étoit demandé par le gouverneur de l'Egypte, il se plaignit amèrement. « Vous me privez de » tous mes enfans : Joseph est mort, Siméon » est retenu en Egypte, et vous voulez en- » core m'enlever Benjamin : non, il ne par- » tira pas ; car s'il lui arrivoit quelque chose, » il me faudroit mourir de douleur. »

Les vivres qu'ils avoient apportés étant consommés, Jacob dit à ses enfans : « Allez, » retournez en Egypte, achetez du fro- » ment ; » mais ses fils lui répondirent : « Nous ne pouvons reparoître en Egypte » sans Benjamin ; car le gouverneur nous a » ordonné de le lui amener. Pourquoi, ré- » partit Jacob, lui avez-vous parlé de cet » enfant ? C'est, lui répondirent-ils qu'il » nous a demandé si notre père vivoit en- » core et si nous avions un autre frère. » Cependant Judas représentant à son père qu'il se chargeroit de Benjamin, et qu'il le lui ramèneroit, Jacob consentit enfin à son départ, et leur donna des présens pour le gouverneur de l'Egypte, et le double d'argent, de peur que celui qui s'étoit trouvé dans les sacs n'y eût été mis par erreur.

MORALE.

Gardez votre parole, ne retenez jamais l'agent de votre frère; attachez-vous à la justice, et vous n'aurez pas à vous plaindre de la fortune.

TRENTE-QUATRIÈME LEÇON.

Les frères de Joseph sont admis à son audience.

Dès que l'on eut annoncé à Joseph que ses frères étoient arrivés avec leur plus jeune, il les fit introduire dans son palais, et leur fit préparer un grand festin. Mais, comme ils craignoient d'être repris pour l'argent qu'ils avoient trouvé, ils en parlèrent à l'intendant de Joseph, qui les rassura, et leur amena Siméon, qui avoit été retenu.

Joseph, peu de temps après, les fit entrer dans son appartement: dès qu'ils le virent, ils se prosternèrent devant lui, et lui offrirent leurs présens. Joseph les reçut avec bonté, et leur parla ainsi : « Le vieillard que » vous avez pour père se porte-t-il bien ? » vit-il encore ? » Et ayant jeté la vue sur Benjamin : « Est-ce votre jeune frère qui » étoit resté à la maison ? Que Dieu te soit » favorable, lui dit-il en l'embrassant ; » et il se retira promptement, car son cœur étoit ému, et les larmes échappoient de ses yeux.

MORALE.

S'il est d'une ame bien née de faire à ses semblables tout le bien qu'on peut leur faire, avec quelle ardeur ne devez vous pas employer vos soins pour ceux qui vous sont attachés par les liens du sang !

TRENTE-CINQUIÈME LEÇON.

Joseph fait mettre sa coupe dans le sac de Benjamin, et envoie à la poursuite de ses frères.

Joseph, ayant composé son visage, rentra voir ses frères, et se mit à table avec eux. Après le repas, il ordonna à son intendant de remplir leurs sacs de blé, d'y remettre leur argent, et de cacher sa coupe dans le sac de Benjamin. Lorsque cet ordre fut exécuté, les frères de Joseph se mirent en route, et ils n'étoient pas encore fort éloignés de la ville, que l'intendant les arrêta d'après le commandement de Joseph, et leur dit avec dureté : Pourquoi avez-vous rendu le mal pour le bien? ingrats, vous avez méchamment volé la coupe d'argent de mon maître. Les enfans de Jacob assurèrent qu'ils étoient innocens, et qu'ils consentoient que l'on mît à mort celui qui se trouveroit porteur de cette coupe. Aussitôt ils déposèrent leurs sacs, et la coupe se trouva dans celui de Benjamin.

MORALE.

Si l'on vous accuse injustement, soyez patiens et espérez : souvenez-vous que Dieu est l'autel auprès duquel les malheureux doivent chercher un asile.

TRENTE-SIXIÈME LEÇON.

Les frères de Joseph retournent à la ville. Judas s'offre en servitude en la place de Benjamin.

Les frères de Joseph retournèrent à la ville, et, ayant été conduits devant Joseph, ils se jetèrent à ses pieds. Celui-ci leur de-

manda pourquoi ils avoient commis un tel crime. Judas, prenant la parole, lui dit : « J'avoue, seigneur, que le crime est ma-
» nifeste, et que nous n'avons aucune ex-
» cuse à donner. Nous n'osons vous deman-
» der notre grace : nous serons tous vos es-
» claves. Pas du tout, répartit Joseph : le
» coupable seul restera en ma puissance ;
» pour vous, allez trouver votre père. Alors
» Judas s'approchant davantage de Joseph :
» Je vous supplie, seigneur, lui dit-il, écou-
» tez moi ; notre père aime cet enfant, il ne
» vouloit pas le laisser partir, et je n'ai pu
» obtenir son consentement, qu'en me char-
» geant de le lui ramener : si nous retour-
» nons sans lui, notre père mourra de dou-
» leur. Je vous en conjure, retenez moi en
» sa place, je me chargerai du châtiment
» que mérite sa faute. »

MORALE.

Considerez de loin toute la suite de ce que vous voulez entreprendre; mais lorsque votre parole sera une fois donnée, qu'elle soit sacrée pour vous; suivez votre engagement, aux dépens même de votre vie.

TRENTE-SEPTIÈME LEÇON.

Joseph se fait connoître à ses frères, et les charge d'amener son père en Egypte.

Joseph, ne pouvant se contenir, fit retirer tous les Egyptiens qui étoient présens; alors, élevant la voix, il dit à ses frères : « Je suis » Joseph ; mon père vit-il encore ? Ses frères tremblant de crainte ne pouvoient lui répondre : « Approchez, leur dit-il avec amitié, approchez, je suis Joseph, votre » frère, que vous avez vendu à des marchands, ne craignez rien ; Dieu l'avoit ordonné ainsi, afin que je veillasse à votre » conservation. Puis, les ayant embrassés » en pleurant : Allez, leur dit-il, allez trouver mon père ; dites-lui que son fils Joseph » vit encore, et qu'il jouit d'un grand pouvoir auprès de Pharaon ; engagez-le de venir en Egypte avec toute sa famille. »

Pharaon ayant appris l'arrivée des frères de Joseph, les chargea de présens pour leur père, et leur recommanda de venir s'établir en Egypte, où ils jouiroient de toutes les richesses de ce pays. Il envoya même des chariots pour transporter Jacob avec toute sa famille.

MORALE.

Jeunes gens, respectez les vieillards ; aimez vos frères ; celui qui ne les aime pas est un aveugle qui méconnoît la nature ; celui qui pourroit les haïr est un monstre qui l'outrage. Après Dieu, on doit aimer, chérir et respecter ses père et mère ; leur obéir et les assister dans tous leurs besoins spirituels et corporels.

TRENTE-HUITIÈME LEÇON.

Les frères de Joseph annoncent à leur père qu'il est vivant ; il part avec toute sa famille pour aller en Egypte.

Les frères de Joseph arrivèrent bientôt en Chanaan, et se hâtèrent d'annoncer à leur père que son fils Joseph étoit vivant et qu'il avoit un grand pouvoir en Egypte. Jacob, à cette nouvelle sembla sortir d'un profond sommeil, et ne crut ses enfans que lorsqu'il vit les présens et les chariots que lui avoit envoyés Joseph. « Je suis content, dit-il » alors, si mon fils est vivant ; j'irai et je le » verrai avant de mourir. »

Jacob étant parti avec toute sa famille,

arriva en Egypte, et envoya Judas à Joseph pour l'avertir de son arrivée. Aussitôt Joseph alla au-devant de son père ; et, dès qu'il le vit, il l'embrassa en pleurant. Alors Jacob s'écria : « Je mourrai donc content, puis» qu'il m'a été permis de te revoir et de te » laisser pour me survivre. »

MORALE.

Honorez votre père par actions, par paroles, et par toute sorte de patience, afin qu'il vous bénisse, et que sa bénédiction demeure sur vous jusqu'à la fin de vos jours.

Aimable jeunesse, observez la cigogne : elle porte son père sur ses ailes ; elle fournit à ses besoins ; elle vous enseignera par son exemple, à compâtir aux infirmités de vos parens, et à les secourir dans le déclin de leurs jours.

TRENTE-NEUVIÈME LEÇON.

Joseph présente sa famille à Pharaon.

Joseph présenta sa famille au roi Pharaon, qui demanda à Jacob quel étoit son âge. Jacob lui répondit : « J'ai vécu cent » trente ans, et je n'ai pas encore l'heureuse

» vieillesse de mes pères ; » ensuite, ayant souhaité beaucoup de bien au roi, il se retira. Joseph plaça son père et ses frères dans le lieu le plus riche de l'Egypte, et leur fournit abondamment tout ce qui leur étoit nécessaire.

Jacob vécut dans sa nouvelle habitation encore dix-sept ans ; et, lorsqu'il sentit approcher ses derniers momens, il fit venir Joseph et lui dit : « Si vous m'aimez, pro-
» mettez-moi, mon fils, de ne point m'in-
» humer en Egypte, mais de transporter
» mon corps dans le sépulcre de mes ancê-
» tres. » Joseph lui jura qu'il exécuteroit sa volonté.

MORALE.

Que votre piété soit sincère et solide,
Et qu'à tous vos discours la vérité préside :
Citoyen, bon époux, bon père, sans foiblesse,
Honorez vos parens, surtout dans leur vieillesse.

QUARANTIÈME LEÇON.

Joseph présente ses deux fils à Jacob pour qu'il les bénisse. Jacob meurt, et Joseph lui rend les derniers devoirs.

JOSEPH présenta à son pere les deux enfans qu'il avoit eus de son mariage en Egypte. Il plaça à sa droite Manassès, qui étoit l'aîné,

Pag. 62.

et à la gauche Ephraïm, qui étoit le plus jeune. Mais Jacob, croisant les mains, mit sa droite sur Ephraïm, et sa gauche sur Manassès. Voyant que Joseph souffroit de cette préférence, il lui dit : « Je sais, mon » fils, que Manassès est votre aîné, mais » je n'agis que par prudence. »

Quelques jours après, Jacob mourut, et Joseph se jeta sur lui, le couvrit de larmes et de baisers; et puis, ayant fait embaumer son corps, il le transporta, accompagné de ses frères et d'un grand nombre d'Egyptiens, dans le tombeau de ses pères. Cette cérémonie se fit avec beaucoup de pompe et de vénération; et, après qu'on eut déposé Jacob dans le lieu de sa sépulture, Joseph, ses frères, et ceux qui les avoient accompagnés, s'en revinrent en Egypte.

MORALE.

La bénédiction d'un père affermit la maison des enfans. Celui qui honore son père et sa mère trouvera sa joie dans ses enfans, et jouira d'une longue vie

QUARANTE-UNIÈME LEÇON.

Joseph console ses frères. Sa mort.

Après la mort de Jacob, les frères de Joseph craignoient qu'il ne se vengeât du mauvais traitement qu'il avoit reçu d'eux ; c'est pourquoi ils le conjurèrent, au nom de leur père, d'oublier leur ancienne conduite. Joseph leur répondit : « Ne craignez » rien. Il est vrai que vous avez été cruels » à mon égard, mais Dieu a tourné vos des» seins criminels à sa propre gloire. J'aurai » soin de vous et de vos familles, et il les » consola. »

Joseph ayant vécu cent dix ans, et se sentant près de mourir, appela ses frères et leur dit : « Je vais mourir, mais Dieu ne » vous abandonnera pas. Il vous conduira » un jour dans le pays qu'il a promis à nos » pères. Je vous prie d'y transporter mes » ossemens et de les réunir aux cendres de » nos ayeux. » Il mourut effectivement peu de temps après ; son corps fut embaumé, mis dans un cercueil, et transporté au lieu de ses desirs.

MORALE.

Soyez vertueux, et vous n'aurez pas à redouter les approches de la mort. Si vous avez des connoissances, votre vie sera utile; et si vous avez de la sagesse, votre mort sera heureuse.

QUATRIÈME PARTIE.

QUARANTE-DEUXIÈME LEÇON.

Eloge de l'Ecriture.

L'ÉCRITURE est de tous les arts le plus utile a la société ; elle est la clef des sciences, l'ame du commerce, et la messagère des pensées : sans elle, toutes les nations ne seroient ni policées ni civilisées, et elles vivroient sans principes, sans énergie, sans mœurs, et sans lois. On ne peut donc en faire un plus bel éloge, qu'en rapportant les quatre vers de M. Brébeuf sur cet art sublime.

C'est de Dieu que nous vient cet art ingénieux,
De peindre la parole et de parler aux yeux ;
Et par cent traits divers de figures tracées,
Donner de la couleur et du corps aux pensées.

Sur les objets essentiels pour peindre l'écriture, et sur la manière de tailler la plume.

On peint ordinairement l'écriture sur du papier qui n'est ni trop rude, ni trop lisse, ni trop mou; mais bien d'un grain doux,

46.me Leçon.

ı . ▫ . i . o . ſ .

a b c d e f g h i

j l m n o p q r v

s a t t u v x y z

47.me Leçon

Mettez sincére-
ment votre confiance
en Dieu, il ne vous
abandonnera jamais

48.me Leçon

i o ſ

a b c d e f g h ÿ

k l m n o p q r

s a t z u v x y z

49me. Leçon.

Faites vos efforts pour acquérir des talens, afin d'être utile à la patrie.

50me Leçon

a b c d e f g h i

k l m n o p q r o

s s t t u v x y z

Les proportions sont celles de l'écriture Batarde

51.me Leçon

Banissez de votre cœur ; l'esprit de dissipation, la colere la paresse et le mensonge.

uni, et un peu azuré, avec de l'encre qui n'est ni trop claire, ni trop épaisse, ni trop noire, et une plume taillée avec un outil ayant la forme d'un petit couteau très-pointu, et dont la lame est longue d'environ quinze millimètres, et large à la sortie du manche de trois à quatre, qu'on nomme canif.

La plume qui sert à peindre les caractères de l'écriture, pour être bien taillée, doit avoir une ouverture sur le ventre de la longueur de quinze millimètres, dont dix forment ce qu'on appelle *le grand tail de la plume*, et les cinq autres *les carnes*. Ces carnes doivent terminer le bout de la plume en forme de fausset, mais un peu évidées dans leur commencement, et séparées l'une de l'autre par une petite fente de la longueur desdites carnes ou environ, et placée directement au milieu du bout de la plume, afin que l'encre puisse couler facilement en écrivant, et aussi avec l'attention que la carne du côté gauche soit moitié plus épaisse que celle à droite, et que la pointe soit coupée nette et un peu oblique suivant la grosseur du caractère que l'on veut peindre.

QUARANTE-TROISIÈME LEÇON.

Sur l'Ecriture ronde.

L'ÉCRITURE ronde est d'un genre agréable, et tire son origine de la gothique ; sa configuration, qui est d'une grande beauté, lui donne l'avantage, sur tous les autres genres d'écriture, de conserver la main de celui qui la peint bien dans un haut degré de perfection. On ne peut donc trop engager la jeunesse à la cultiver avec le plus grand soin, et à s'y attacher aussi fortement qu'elle le feroit à une chose d'où dépendroient absolument son bonheur et sa félicité. Sa forme est d'être aussi large que longue, c'est-à-dire avoir cinq becs de plume de hauteur sur autant de largeur, y compris les deux jambages, sans aucune pente quelconque, c'est-à-dire que chacun des caractères qui la composent soient tous descendus sur la ligne perpendiculaire, et de la même manière qu'ils sont démontrés aux tableaux qui sont ci-après, à la quarante-sixième et à la quarante-septième leçon.

QUARANTE-QUATRIÈME LEÇON.

Sur l'Ecriture bâtarde.

L'ÉCRITURE bâtarde, surnommée italienne, attendu qu'elle tire son origine de l'Italie où elle a pris naissance, est d'un genre bien différent de celui de la ronde. Sa configuration est simple et facile à saisir ; la direction oblique, sur laquelle est formée chaque caractère, lui donne beaucoup de grace et d'agrément ; et si cette écriture, qui est d'autant plus lisible qu'elle se rapproche beaucoup du caractère d'imprimerie, est maintenant très-peu usitée en France, c'est qu'il faut employer trop de temps, soit pour la peindre dans sa perfection, soit pour expédier des actes ou autres affaires qui demandent de la promptitutude ou de la célérité, et il n'y a guère présentement que les Italiens qui en fassent usage, et surtout les banquiers et négocians pour leurs livres et lettres de change, comme étant très-difficile à pouvoir être contrefaite. Ses proportions sont huit becs de plume de hauteur, six de largeur, y compris les deux jambages, et trois de pente, non compris celui du jambage. Ainsi qu'on peut le voir par les tableaux ci-après, à la quarante-huitième et à la quarante-neuvième leçon.

QUARANTE-CINQUIÈME LEÇON.

Sur l'Ecriture coulée.

L'ÉCRITURE coulée est un caractère qui a pris naissance dans l'imagination et sous la main du célèbre Rossignol, qui la forma de la ronde et de la bâtarde : comme sa configuration est d'un genre vif, cela lui a donné une grande prépondérance sur les autres ; aussi tous les gens d'affaires la préfèrent ils à tous les genres qui l'ont précédée et suivie ; cependant on ne peut disconvenir que, si elle est d'une prompte expédition, elle est aussi très-aisée à contrefaire, à moins qu'elle ne soit faite par une main parfaitement consommée ; aussi la majorité des banquiers et négocians françois l'on abandonnée pour celle connue sous le nom de l'écriture mixte, qui n'en diffère que par les *m* et *n* de bâtarde. Les proportions de l'écriture coulée sont de huit becs de plume de hauteur, six de largeur, y compris les deux jambages, et trois de pente, non compris celui du caractère que l'on forme : voyez à cet effet les tableaux ci-après, à la cinquantième et à la cinquante-unième leçon.

CINQUANTE-DEUXIÈME LEÇON.

De l'Arithmétique.

L'ARITHMÉTIQUE est la connoissance de la valeur et de la propriété des nombres : c'est par elle qu'on apprend à calculer son gain, sa perte, ou son profit.

Les nombres sont composés de dix caractères servant à exprimer toutes les quantités.

Ces dix caractères sont 0, 1, 2, 3, 4, 5, 6, 7, 8, 9.

Chacun de ces dix caractères pris isolément, se nomme *unité;* et, lorsqu'il se joint à un autre, il s'appelle *dixaine;* à deux, *centaine*, à trois, *mille;* à quatre, *dixaine de mille;* à cinq, *centaine de mille;* à six, *million;* à sept, *dixaine de millions;* à huit, *centaine de millions;* à neuf, *milliard*, etc.

Ainsi ces nombres réunis 9,876,543,210, font neuf milliards huit cent soixante-seize millions cinq cent quarante-trois mille deux cent dix.

L'unité est le terme de comparaison de toutes les quantités de même espèce, comme un mètre, un gramme, un litre.

Dans l'ordre et la nature des opérations de calcul, on remarque quatre objets principaux : la définition, le procédé, la démonstration, et la preuve.

La *définition* est la manière de donner une explication claire et précise sur l'opération.

Le *procédé*, celle d'employer tous les moyens possibles pour bien réussir.

La *démonstration*, celle de faire concevoir, par des principes clairs, qu'en suivant strictement le procédé, on arrive au but.

Enfin la *preuve*, celle de connoître si l'opération est juste.

Du calcul décimal.

Le calcul décimal présente pour le commerce des moyens avantageux : la facilité et la célérité.

On connoît, dans le calcul décimal, deux sortes de nombres ; l'entier et le décimal,

Le nombre entier exprime une quantité composée d'unités entières ; et le nombre décimal, une ou plusieurs parties de l'unité.

Tout nombre, multiplié par lui-même, produit plus que lui-même ; ainsi 5 multiplié par lui-même, produit 25 ; conséquemment 5 est nombre.

Les fractions décimales sont de dix en dix fois plus petites que l'unité à mesure qu'elles avancent vers la droite.

Lorsque l'unité entière se trouve partagée en dix parties égales, elle forme dix unités partielles, qu'on appelle *dixièmes*. Le dixième, aussi partagé en dix parties égales, forme dix nouvelles unités partielles, qu'on appelle *centièmes*. Le centième, aussi partagé en dix parties égales, forme dix autres unités partielles, qu'on appelle *millièmes*. Enfin, en suivant la même progression, le millième forme des *dix-millièmes*; les dix-millièmes, des *cent millièmes* ; les cent-millièmes, des *millionièmes*, et ainsi de suite.

On représente les unités décimales avec les mêmes chiffres que les unités entières.

On place les décimales à la droite des unités entières, suivant l'ordre de leur grandeur, et après une virgule que l'on a attention de poser à la suite des unités, afin de servir de point de séparation entre elles et les décimales.

Dans les opérations de calcul on ne doit faire usage que des mots *et* et *font*; exemple : 4 et 5 font 9, et 6 font 15.

CINQUANTE-TROISIEME LEÇON.

De la connoissance des mesures de longueur, de capacité, d'arpentage, de bois à brûler, des poids et de la monnoie.

Mesures de longueur.

L'UNITÉ principale des mesures de longueur se nomme *mètre*.

Le mètre est une mesure sur laquelle on a fixé tout le système des poids et mesures ; sa longueur est composée de la dix-millionnième partie du quart du méridien de la terre.

On divise le *mètre* en millimètre, centimètre, décimètre, décamètre, hectomètre, kilomètre et myriamètre.

Le millimètre est la 1000e partie du mètre.

Le centimètre, la 100e partie.

Le décimètre, la 10e partie.

Le décamètre est 10 fois la longueur du mètre.

L'hectomètre, 100 fois.

Le kilomètre, 1000 fois.

Le myriamètre, 10000 fois.

Mesures de capacité.

L'unité principale des mesures de capacité se nomme *litre*.

Le litre est une mesure contenant un décimètre cube ; c'est à-dire un décimètre de long, un décimètre de large, et un décimètre de profondeur.

On entend par nombre cube le produit qui résulte des trois côtés que présente une figure cubique ; c'est-à-dire longueur, largeur, et profondeur.

On divise le *litre* en millilitre, centilitre, décilitre, décalitre, hectolitre, kilolitre, et myrialitre.

Le millilitre est la 1000e partie du litre.

Le centilitre, la 100e partie.

Le décilitre, la 10e partie.

Le décalitre contient 10 litres.

L'hectolitre, 100 litres.

Le kilolitre, 1000 litres.

Le myrialitre, 10,000 litres.

Poids.

L'unité principale des poids se nomme *gramme*.

Le *gramme* est de la continence du poids de l'eau distillée sous le volume d'un centimètre cube.

On divise le *gramme* en milligramme,

centigramme, décigramme, décagramme, double décagramme, demi-hectogramme, hectogramme, double hectogramme, demi-kilogramme, kilogramme, double kilogramme, demi-myriagramme, myriagramme, double myriagramme.

Le milligramme est la 1000e partie du gramme.

Le centigramme, la 100e partie.

Le décigramme, la 10e partie

Le décagramme contient 10 grammes.

Le double décagramme, 20 grammes.

Le demi-hectogramme, 50 grammes.

L'hectogramme, 100 grammes.

Le double hectogramme, 200 grammes.

Le demi-kilogramme, 500 grammes.

Le kilogramme, 1000 grammes.

Le double kilogramme, 2000 grammes.

Le demi-myriagramme, 5000 grammes.

Le myriagramme, 10,000 grammes.

Le double myriagramme, 20,000 gramm.

Mesures d'arpentage.

L'unité principale des mesures agraires ou d'arpentage, se nomme *are*.

L'*are* est une mesure dont la grandeur est composée d'un mètre quarré, c'est-à-dire de 10 mètres de long sur 10 mètres de large.

On divise l'*are* en centiare, déciare, décare, hectare, kilare, et myriare.

Le centiare (ou mètre quarré) est la 100e partie de l'are.

Le déciare contient en étendue 10 ares.

L'hectare, 100 ares.

Le kilare, 1000 ares.

Le myriare, 10,000 ares.

Mesures de bois à brûler.

L'unité principale des mesures de bois à brûler, se nomme *stère*.

Le *stère* est une mesure contenant une quantité de bois égale au mètre cube, c'est-à-dire que les bûches ayant un mètre de long, doivent être rangées dans un châssis ayant un mètre de large et un mètre de haut.

Le double stère est la mesure qui remplace la voie.

Monnoie.

L'unité monétaire se nomme *franc*.

Le *franc* est une pièce qui contient 9/10e du poids de 5 grammes d'argent fin.

On divise le *franc* en décimes et centimes.

Le *décime* est la 10e partie du franc.

Le *centime*, la 100e partie.

TABLE CARACTÉRISTIQUE

DES ABRÉVIATIONS DES POIDS ET MESURES.

Degré centésimal.	d. c.	Litre.	lit.
Myriamètre.	my. mt.	Décilitre.	d. lit.
Kilomètre.	k. mt.	Centilitre.	c. lit.
Hectomètre.	h. mt.	Stère.	st.
Décamètre.	déc. mt.	Décistère.	d. st.
Mètre.	mt.	Bar.	br.
Décimètre.	d. mt.	Myriagramme.	my. gm.
Centimètre.	c. mt.	Kilogramme.	k. gm.
Millimètre.	m. mt.	Hectogramme.	h. gm.
—— Quarré.	m. mt. q.	Décagramme.	dec. gm.
—— Cube.	m. mt. c.	Gramme.	gm.
Myriare.	my. ar.	Décigramme.	d. gm.
Kilare.	k. ar.	Centigramme.	c. gm.
Hectare.	h. ar.	Milligramme.	m. gm.
Décare.	dec. ar.	Heure.	h.
Are.	ar.	Minute.	m.
Déciare.	d. ar.	Seconde.	s.
Centiare.	c. ar.	— Duodécimale.	s. duod.
Myrialitre.	my. lit.	— Décimale.	s. déci.
Kilolitre.	k. lit.	Franc.	fr.
Hectolitre.	h. lit.	Décime.	dm.
Décalitre.	dec. lit.	Centime.	cm.

CINQUANTE-QUATRIÈME LEÇON.

De l'addition.

L'ADDITION est une opération par laquelle on cherche le produit ou total net de plusieurs quantités connues.

L'opération se fait en commençant par la première colonne, connue sous le nom d'unités, soit décimales, s'il y en a, ou d'unités entières, en leur absence. S'il arrive que, dans une colonne, la quantité des nombres ne passe pas 10, alors on écrit simplement le nombre trouvé; et si, dans une colonne, le nombre de 10 ou tout autre multiple de 10 se rencontre juste, on écrit zéro, et on retient autant de nombres qu'il s'est trouvé de fois 10, pour être comptés avec les chiffres de la colonne suivante; ou on avance, si on a opéré sur la dernière, la dixaine ou les dixaines que contient le nombre trouvé; mais si, dans une colonne, il se trouve des unités accompagnées de dixaines ou de centaines, on écrit seulement les unités, et on retient les quantités de dixaines qui se trouvent avec elles; on continue ainsi jusqu'à la fin de la dernière colonne, où alors on voit quel est le nombre qui est égal à tous les autres nombres proposés, et l'opération est terminée.

Exemple.

Supposez qu'il soit proposé d'additionner les quatre quantités formant l'opération ci-dessous.

Opération	234 m.	15 cm.
	567	25
	789	05
	890	50
Total......	2480	95

Le total de cette opération est de deux mille quatre cent quatre-vingts mètres et quatre-vingt-quinze centimètres.

Observation.

On suit la même manière d'opérer l'addition pour tous les autres genres de mesure, ainsi que pour les poids et la monnoie, qu'on vient de le faire pour le mètre ; il n'y en a pas d'autres.

De la preuve de l'addition.

Il existe plusieurs manières de faire la preuve de l'addition ; mais celle qui paroît la moins compliquée consiste à compter tous les nombres de chaque colonne dans le sens inverse à celui dont on s'est servi en premier lieu, c'est à-dire que si l'on a pour habitude de compter les nombres de chaque colonne du haut en bas, il faut alors recommencer du bas en haut, en commençant toujours par les premières unités à droite, et si, au dernier nombre de chacune des colonnes additionnées, on trouve le même nombre existant, ce sera une preuve évidente que l'opération a été bien faite et que l'addition est bonne.

CINQUANTE-CINQUIÈME LEÇON.

De la Soustraction.

La soustraction est la deuxième règle arithmétique ; sa connoissance est nécessaire sous plusieurs rapports, et principalement avec celui de la division dont elle facilite les moyens de l'exécuter. Les principes de son opération consistent à retrancher un nombre quelconque d'un autre, afin d'avoir un résultat que l'on nomme reste, excès ou différence.

La manière d'opérer la soustraction est de commencer par écrire le nombre que l'on veut retrancher sous celui dont on veut connoître la différence, de sorte que les unités soient sous les unités, les dixaines sous les dixaines, les centaines sous les centaines, ainsi de suite; et, après avoir souligné le tout, on soustrait la première quantité de la seconde, c'est-à-dire qu'il faut commencer par soustraire les unités du nombre inférieur de son correspondant supérieur; et s'il ne reste rien, on écrit zéro pour tenir la place d'un chiffre; ensuite on marque, par le moyen de la virgule décimale, la séparation des unités entières d'avec les décimales, afin de connoître les nombres des fractions.

On observe encore que, quand, dans l'opération, le chiffre correspondant supérieur se trouve plus petit que son correspondant inférieur, ou zéro, alors il faut emprunter par la pensée une unité sur le chiffre qui précède à gauche, ou mettre un petit point dessus, si on doute de sa mémoire; cette unité empruntée devient dixaine par rapport au chiffre pour lequel on a emprunté, et l'augmente par conséquent de dix unités. Mais s'il arrivoit que le chiffre sur lequel on voudroit emprunter fût zéro, alors il faudroit avoir recours au premier chiffre significatif qui précède, pour emprunter sur lui cette unité, qui vaut dix à l'égard du zéro par-dessus lequel on a passé pour emprunter, dont on retire une unité, qui fait également dix pour le chiffre qui le suit vers la droite, et le zéro devient neuf; de même que, s'il s'en trouvoit plusieurs de suite par-dessus lesquels il faudroit passer pour emprunter une dixaine, ils vaudroient tous neuf. Tous ces zéros devenus des neuf, diminuent d'une unité seulement le chiffre significatif sur lequel on a emprunté; l'exemple suivant mettra à même de saisir avec plus de facilité l'application de ces principes.

Exemple.

Supposez avoir à soustraire de la somme

de	4500 f.	25 cm.	que l'on doit,
celle de	2609,	50	qu'on a payée,
Il reste	1890,	75	à payer.
Preuve	4500,	25	égalité de rap.

On opère, pour les poids et mesures, de la même manière que ci-dessus.

De la manière de faire la preuve de la soustraction.

La preuve de la soustraction se fait en ajoutant le reste trouvé avec le nombre retranché; et si l'opération a été bien faite, on doit retrouver le premier nombre dont on a retranché le second, ainsi qu'il est démontré en l'exemple ci-dessus.

CINQUANTE-SIXIÈME LEÇON.

De la multiplication.

La multiplication est une opération par laquelle on multiplie un nombre autant de fois qu'il se trouve d'unités dans un autre.

Dans la multiplication on remarque trois nombres ; le *multiplicande*, ou nombre à multiplier ; le *multiplicateur*, ou nombre qui multiplie; et le *produit*, ou nombre cherché.

Quand, dans une multiplication, le multiplicande et le multiplicateur ne sont composés que d'un seul chiffre, il n'y a pas grande difficulté à faire l'opération ; mais si au contraire le multiplicande et le multiplicateur en ont plusieurs, alors cela est différent, la méthode est plus difficile, et l'opération plus compliquée, puisqu'il faut multiplier tous les chiffres du multiplicande par l'unité du multiplicateur, et retenir les dixaines qui se rencontrent, afin de les compter avec les chiffres suivans vers la gauche ; après cela, passer au chiffre indiquant les dixaines du multiplicateur, lequel doit aussi multiplier tous les chiffres du multiplicande, en observant d'écrire l'unité trouvée par le premier nombre multiplié, sous la colonne des dixaines, et ainsi de suite pour chaque changement de chiffres du multiplicateur ; c'est-à-dire que, quand le nombre des dixaines du multiplicateur est fini, et qu'il y a des centaines à multiplier, on doit écrire l'unité des centaines que l'on trouve par la multiplication, sous la colonne des centaines; par celui des mille, sous la colonne des mille; de sorte que, si on multiplie le multiplicande par un chiffre de dix en dix fois plus grand, le produit sera de dix en dix fois plus grand; ainsi les unités du multiplicande multipliées par un chiffre quelconque du multiplicateur, seront toujours de la même valeur que ce chiffre.

S'il arrive qu'au multiplicateur il y ait un ou plusieurs zéros, on se dispense de multiplier par eux; il suffit seulement de les abaisser dans la colonne du rang qu'ils occupent au multiplicateur.

Lorsque l'opération de la multiplication est finie, il faut examiner s'il y a des décimales, tant au multiplicande qu'au multiplicateur, afin d'en faire la distraction au produit de l'opération; c'est-à-dire que, s'il y a deux décimales au multiplicande et autant au multiplicateur, il faut poser la virgule décimale après le quatrième chiffre de droite à gauche du produit de l'opération, ainsi que cela va être observé dans l'exemple qui suit.

Exemple.

Supposez vouloir acheter 123 mètres 45 centimètres de marchandise, à 60 francs 90 centimes le mètre, à combien cela reviendra-t-il ?

	m. c.
Opération.	123,45
	f. c.
à	60,90
	1111050
	740700 . .
Produit.	7518,1050

Par le produit de cette opération, on voit que les 123 mètres 45 centimètres coûteront 7518 francs 1050 dix-millièmes, ou sept mille cinq cent dix-huit francs onze centimes, au lieu de 10 centimes cinquante dix-millièmes.

De la manière de faire la preuve de la multiplication.

Les principes dont on fait usage pour faire la preuve de la multiplication consistent à prendre la moitié du multiplicande, en commençant par le premier chiffre à gauche, et finissant par celui qui est à droite, connu sous le nom d'unité; ensuite doubler le multiplicateur, en commençant par l'unité qui est à droite, et finissant par le dernier chiffre qui est à gauche; après cela opérer comme ci-devant; et si le produit se trouve égal à celui de la règle, ce sera une preuve qu'elle a été bien faite, et qu'elle est bonne.

TABLE DE MULTIPLICATION

Qu'il est nécessaire d'apprendre de mémoire.

2	fois	2	font	4
		3		6
		4		8
		5		10
		6		12
		7		14
		8		16
		9		18
		10		20
		11		22
		12		24
3	fois	3	font	9
		4		12
		5		15
		6		18
		7		21
		8		24
		9		27
		10		30
		11		33
		12		36
4	fois	4	font	16
		5		20
4	fois	6	font	24
		7		28
		8		32
		10		36
		11		40
				44
		12		48
5	fois	5	font	25
		6		30
		7		35
		8		40
		9		45
		10		50
		11		55
		12		60
6	fois	6	font	36
		7		42
		8		48
		9		54
		10		60
		11		66
		12		72
7	fois	7	font	49

7 fois	8	font	56	9 fois	9	font	81
	9		63		10		90
	10		70		11		99
	11		77		12		108
	12		84	10 fois	10	font	100
8 fois	8	font	64		11		110
	9		72		12		120
	10		80	11 fois	11	font	121
	11		88		12		132
	12		96	12 fois	12	font	144

CINQUANTE-SEPTIÈME LEÇON.

De la Division.

La division est une opération par laquelle on cherche *combien de fois un nombre en contient un autre.* Le nombre à diviser s'appelle *dividende;* celui par lequel on divise s'appelle *diviseur;* et le résultat de l'opération s'appelle *quotient.* Dans la division on cherche donc combien de fois le dividende contient le diviseur. Il s'ensuit de là que le diviseur, multiplié par le quotient, doit produire le dividende ; cela est général.

D'après cet exposé, il ne s'agit plus que d'expliquer comment on doit s'y prendre pour réussir à bien faire l'opération de la division.

Les principes à suivre pour faire l'opération d'une division consistent à prendre dans le dividende autant de chiffres qu'il en faut pour contenir le diviseur ; ensuite chercher combien de fois le diviseur se trouve contenu dans ce nombre de chiffres, et l'ayant trouvé, l'écrire au quotient, qui toujours doit se trouver établi sous le diviseur, duquel il doit être séparé par une ligne tirée dessous horizontalement ; après cela, multiplier tous les chiffres du diviseur par le nombre du quotient, et porter le produit sous les chiffres du dividende partiel, pour en faire la soustraction ; abaisser ensuite, à côté du restant de la soustraction, un des chiffres du grand dividende et qui fait suite à ceux que l'on a divisés, s'il y en a, afin de former un nouveau dividende partiel, et puis opérer de la même manière qu'il vient d'être expliqué : l'opération se continue ainsi jusqu'à ce que l'on ait abaissé tous les chiffres du grand dividende, et qu'il n'y reste plus de nombres à diviser. S'il arrive que, dans le cours de l'opération, un des chiffres du grand dividende étant abaissé à côté du dernier reste, pour former un dividende partiel, ce dividende partiel ne soit pas assez fort pour contenir le diviseur ; alors on écrit un zéro au quotient, pour tenir lieu de tout autre nombre, et de suite on abaisse un autre chiffre du grand dividende, afin de suivre l'opération jusqu'à sa fin ; mais, s'il n'y a plus de chiffres à descendre du grand dividende, et qu'on veuille pousser l'opération jusqu'à sa plus petite expression (ce qui formera alors les décimales au quotient), on posera, à chaque reste des dividendes partiels, autant de zéros qu'on desirera avoir de décimales au quotient.

Il y a une manière très-facile d'abréger les opérations de la division ; elle consiste à retrancher de suite, de chaque dividende partiel, le produit du diviseur multiplié par chacun des quotiens; cette méthode revient au même et ne change absolument rien dans l'opération; elle ne fait qu'accélérer sa marche, puisqu'on ne change point le rapport de deux quantités inégales, en ajoutant à l'une et à l'autre des quantités égales; or, en ajoutant au dividende partiel autant de dixaines qu'il en faut pour soustraire le produit de chaque chiffre du diviseur multiplié par le quotient, et retenant le même nombre de dixaines pour les ajouter aux dixaines du même produit du diviseur par le quotient, on ne fait qu'ajouter des quantités égales à des parties inégales; par cette raison, on doit donc avoir le même nombre que si l'on avoit écrit le produit entier du diviseur multiplié par le quotient, sous le dividende partiel, et qu'on en eût fait ensuite la soustraction par la méthode ordinaire.

Si le dividende et le diviseur ont pour terminaison plusieurs zèros, on peut encore abréger l'opération, en ôtant ou en effaçant à l'un et à l'autre la même quantité de zéros; ceci ne change rien encore à leur rapport, puisqu'on les divise tous les deux par un nombre seul.

Si les deux termes d'une opération ont la même quantité de nombres décimaux, il faut supprimer dans chacun la virgule décimale, et opérer comme s'il n'y avoit que des nombres entiers : par exemple, si on avoit à diviser 135,79 unités par 24,68 unités, il faudroit procéder comme s'il ne s'agissoit que de diviser 13579 par 2468, sans nul égard à la virgule qui sépare les unités des décimales.

S'il arrive qu'un des deux termes ait plus de décimales que l'autre, alors il faut les égaliser en ajoutant des zéros au terme qui en a le moins; ce qui n'altère aucunement les valeurs; ensuite, sans égard à la virgule décimale, on opère comme si les nombres étoient des nombres entiers : par exemple, si on avoit à diviser une quantité, comme 240 plus 5, ou 240,5 à diviser par 67 plus 89, ou 67,89, il faudroit commencer par écrire ainsi le dividende 24050, et après cela le diviseur 6789. Mais si, au contraire, le diviseur se trouvoit avoir moins de décimales que le dividende, on peut, sans nulle difficulté, en supprimer un nombre égal à celui du diviseur; ainsi, au lieu de diviser, par exemple, 48,36 par 24,5, il faudroit considérer ces nombres comme 483,6 à diviser par 245.

S'il arrive que les décimales soient toutes dans le diviseur, et qu'il n'y en ait point au dividende, il faut seulement, avant que d'opérer, supprimer la virgule décimale du diviseur, et ajouter au dividende autant de zéros qu'il y a de décimales au diviseur; par exemple, si on avoit à diviser 3000 unités par 84 plus 25, ou 84,25, il faudroit considérer le dividende comme 300000, et le diviseur comme s'il y avoit 84,25. Nous allons maintenant appuyer tous ces principes par le moyen d'une proposition sur la division, suivie de son opération.

Proposition.

Quelqu'un ayant acheté d'un fermier 876 décalitres de froment, pour 1138 franc 80 centimes, demande à combien lui revient le décalitre.

OPÉRATION.

Dividende	Diviseur
113880	87600
26280,0	1,30 Quotient.
00000	

Manière de faire la preuve de la division.

La preuve de la division se fait par la multiplication, de même que la preuve de la sonstraction se fait par l'addition; c'est-à-dire, qu'en multipliant le diviseur par le quotient, si l'opération a été bien faite, on doit retrouver le produit du dividende. On observe que si, à l'opération de la division, il y avoit un reste indivisible, il faudroit l'ajouter au produit du diviseur multiplié par le quotient, avant que de faire l'addition; si on omettoit de faire ce rapport, le total du dividende ne pourroit se trouver juste, et au contraire, avec cette attention, il doit être parfaitement semblable.

CINQUANTE-HUITIEME LEÇON.

De la règle de trois.

La règle de trois sert à trouver une quantité proportionnelle par le moyen de trois autres quantités données.

On distingue plusieurs sortes de règles de trois.

La première se nomme règle de trois droite; la seconde inverse; et la troisième composée.

La règle de trois droite va toujours du plus au plus, ou du moins au moins; elle ne contient que quatre quantités, dont trois connues et une inconnue.

La règle de trois inverse va toujours du plus au moins et du moins au plus; elle contient également quatre quantités, dont trois connues et une inconnue.

La règle de trois composée, soit qu'elle soit droite ou inverse, contient six ou huit quantités, dont cinq ou sept sont connues, et la sixième ou la huitième inconnue : c'est-à dire que si elle est composée de cinq termes, le sixième est inconnu ; ou si elle l'est de sept termes, le huitième est également inconnu.

On fait usage de la règle de trois lorsqu'il s'agit de résoudre une question arithmétique quelconque, et c'est à sa grande utilité qu'elle doit son surnom de règle d'or.

Pour bien opérer la règle de trois, soit droite ou inverse, il faut commencer par disposer les trois termes de l'opération, comme ci-après : ensuite multiplier, si c'est une règle de trois droite, le deuxième terme par le troisième, et diviser le produit par le premier, le quotient sera la réponse ; et si c'est une règle de trois inverse, multiplier le second terme par le premier, et diviser le produit par le troisième, le quotient sera également la réponse de la question.

RÈGLE DE TROIS DROITE.

Proposition.

Une personne ayant acheté une pièce d'étoffe contenant 24 mètres 25 centimètres, pour 144 francs 75 centimes, demande combien lui coûtera une autre pièce de la même étoffe et du même prix contenant 36 mètres 50 centimètres.

OPÉRATION.

Première disposition.

Si 24,25 coûtent 144,75, combien coûteront 36,50 ?

Seconde disposition, sans égard à la virgule décimale.

Si 2425 coûtent 14475, combien coûteront 3650 ?

```
    14475
     3650
   ------
   723750
  86850..
 43425...
 --------
 52833750 | 2425
  .4333   |---------------
   19087  | 217,87 Quotient.
    21125
     17250
Reste. . . . 275
```

Suivant le quotient de cette opération, les 36 mètres 50 centimètres doivent coûter 217 francs 87 centimes.

CINQUANTE-NEUVIÈME LEÇON.

RÈGLE DE TROIS INVERSE.

Proposition.

Un architecte propose de construire une colonne en 27 jours, avec seize ouvriers; mais comme on desire qu'elle soit faite en bien moins de temps, on demande, en en mettant 24, combien il lui faudra de jours pour qu'elle soit construite.

Opération. Si 16 ouvriers emploient 27 jours, combien en emploieront 24?

```
   27
   16
 ----
  162
  27
 ----
  432 | 24
  192 |--------
   .0   18 jours.
```

Suivant le quotient de cette opération, les 24 ouvriers n'emploieront que 18 jours à construire la colonne.

Manière de faire la preuve de la règle de trois.

La preuve de la règle de trois, n'importe de quelle espèce elle soit, se fait toujours par son contraire; c'est-à-dire que le troisième terme de l'opération à prouver soit le premier à celle de la preuve, que le quotient de l'opération soit le second, enfin que le premier terme de l'opération soit le troisième de celle de la preuve. De sorte que, multipliant et divisant tous les termes les uns après les autres, comme on l'a fait précédemment, le quotient se trouve égal au nombre qui a servi de second terme à l'opération dont on fait la preuve.

Mais, comme il arrive quelquefois qu'au dernier dividende d'une règle de trois ou d'une division quelconque, il se trouve un reste indivisible, lorsqu'on fait la preuve de l'une de ces règles, il faut, avant d'additionner le produit de la multiplication, ajouter, après avoir multiplié tous les nombres, ce restant du dernier dividende; car, sans cela, l'addition ne se trouveroit pas juste, et les opérations, quoique bien faites, se trouveroient fausses.

SOIXANTIEME LEÇON.

De la règle de compagnie.

La règle de compagnie sert à déterminer ce qui revient du gain ou de la perte qu'ont faite plusieurs personnes réunies en société pour un certain temps, suivant leur mise de fonds.

Cette règle se fait par le moyen de la règle de trois droite, que l'on réitère autant de fois qu'il y a d'associés ; le premier terme de chaque opération est la somme totale que possède la société lors de son établissement ; le second est le revenu net du gain ou de la perte qu'a faite la société ; le troisième est la somme versée par chaque associé pour former la société ; enfin, le quatrième terme est le quotient qui indique à chaque associé ce qui lui revient pour sa part.

Pour faire la preuve de la règle de compagnie, on commence par réunir ensemble tous les restans de chaque opération, s'il y en a, et on divise le produit par le nombre qui a servi de premier terme aux opérations ; ce qui se trouve au quotient, sans reste de dividende, se porte à la récapitulation du produit des opérations ; ensuite on réunit, en forme de récapitulation, tous les quotients des opérations pour en former un total qui, s'il n'y a point eu d'erreurs commises, doit se trouver égal à la somme qui est répartie ou à partager entre chaque coassocié, ainsi qu'on peut le voir par l'exemple qui suit.

Proposition.

Trois marchands ayant formé ensemble une société pour un certain temps, ont trouvé, d'après l'inventaire de dissolution, avoir fait un bénéfice de 24680 fr. 50 cent.; on demande quelle est la part qui revient à chacun d'eux suivant sa mise de fonds.

OPÉRATION.

Mises de fonds.

Le premier a mis	3450,25 fr.
Le deuxième . . .	2560,50
Le troisième . . .	1840,75
Total des mises. .	7851,50 fr.

Première opération.

```
Si 784150 g.  2468050 c. g.  345025
                345025
              ----------
              12330250
              4936100
           123402500
           9872200
          7404150
          ------------
          851538951250
          851538951250  |  785150
           6638895      |-----------
            3576951     |  10845,55
             4363512
              4377625
               4518750
Restant         593000
```

Deuxième opération.

```
Si 785150 g.  2468050 c. g.  256050
                256050
            ------------
              123402500
            148083000
            12340250
            4936100
            -------------
            631744202500  |  785150
               3824202    |-----------
                6836025   |  8048,70
                 5548250
Restant            522000
```

Troisième opération.

Si 785150 g. 2468050 c. g. 184075

```
               184075
          ------------
              12340250
             17276350
            98722000
           19744400
           2468050
          --------------
          454306303750  | 785150
            6173130     |----------
             6770803    | 5786,23
              4896037
               1851375
                2810750
Restant          455300
```

Récapitulation des restans des dividendes des trois opérations.

De la 1re	593000
De la 2e	522000
De la 3e	455300
	1570300 | 785150
	00000 | 2

Récapitulation des quotients de chaque opération.

Au 1er, il revient la somme de	10845,55
Au 2e	8048,70
Au 3e	5786,23
Produit des restans	0,02
Total égal au gain.	24680,50

FIN.

www.ingramcontent.com/pod-product-compliance
Ingram Content Group UK Ltd.
Pitfield, Milton Keynes, MK11 3LW, UK
UKHW020236220726
13923UKWH00002B/683